JN438482

거꾸로 가는 시계

거꾸로 가는 시계

전성권 수필집

신아출판사

작가의 말

한두 편이라도 알곡이기를 바라며

온갖 정성을 기울이고 땀을 쏟아야 한 알의 곡식을 얻을 수 있습니다. 겨우내 씨앗을 애지중지 간수하고 때에 맞춰 씨를 뿌리고 폭우에 물길을 터줘야 합니다. 한 편의 글 또한 다르지 않은 것 같습니다. 차곡차곡 쌓아둔 곳간의 글을 펼쳐보면 대부분은 쭉정이로 알곡은 몇 편 보이지 않았습니다. 그러나 쭉정이라도 한 편 한 편에서 내 정성과 사랑이 느껴지기에 무작정 버릴 수가 없었습니다. 몇 년간에 걸쳐서 쭉정이를 걸러내고 마당 볕에 말리기를 반복한 결과 성에 차지는 않지만 종자를 얻을 수 있었습니다. 쭉정이에 양분을 주고 땀을 쏟으니 점차 알곡 비슷한 것이 되기도 했습니다.

아직도 쭉정이 투성이입니다만 한두 알이라도 싹을 틔울 수 있으면 하는 소망입니다. 누군가의 양식이 되고 종자가 되었으면 하는 간절한 소망을 담아 노점에 내놓습니다.

늦게 들어선 문인의 길, 그 길은 평탄한 것 같고 목적지가 뻔히 보이는 듯했습니다. 넉잠누에마냥 실을 줄줄 뽑고 깊은 샘처럼 맑은 물이 끝없이 솟아날 줄로 알았습니다. 그러나 막상 길을 나서니 어느 순간부터 길이 흐려지더니 끝없이 오르막길이 펼쳐졌습니다. 금세 바닥난 밑천으로 내게 문학은 그저 저 밑에서 졸졸 흐르는 수맥일 따름이었습니다.

고단한 일상에 쓰러지기도 했고, 길을 되돌릴까 하고 한동안 자리에 앉아 있기도 했습니다. 그간 내보인 글에 생채기가 나기도 했습니다. 수없이 작법을 익히고 강의를 듣고 합평의 시간을 가졌습니다. 그럴 때마다 내게 힘을 주신 분들이 계셨습니다. 당신의 모든 것을 다 내어주며 바른 수필인의 길을 열어주시는 순수필동인회 좌장 김형진 선생님과 수년째 함께 공부하며 힘이 되었던 동인들께 고개 숙여 감사드립니다. 그리고 글 쓰는 아들을 무척 자랑스러워했던 어머니 사랑을 영원히 간직하겠습니다. 감사합니다.

2016년 12월

저자 전성권

차례

2 난자리

3 달맞이꽃

4 그곳은

5 사계

1

거꾸로 가는 시계

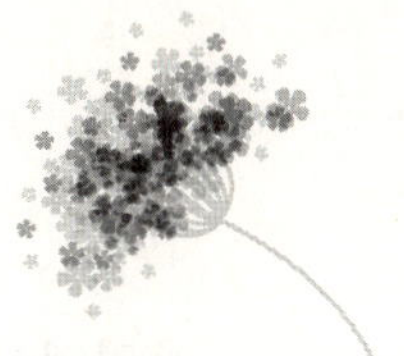

마음은 몸짱

하릴없이 빈둥거렸는데도 왠지 피곤하다. 가끔은 팔이 저리다. 다리가 아려 베개 위에 발을 올리고 뒤척일 때도 있다. 몸과 마음. 이 둘은 본시 하나가 아닌가 보다. 앞서거니 뒤서거니 하더니만 이내 몸은 마음을 따라잡지 못하고 뒤처져 어기적거리고 있다.

아직은 청춘이라고 외쳐보지만 몸이 내 나이를 극구 알려준다.

봄이 오는 소리가 소란한데 내 몸은 깊은 잠에 빠져들 것만 같다. 체력이 몇 단계씩 뚝뚝 떨어지는 것이 느껴진다. 몸이 허약해지니 정신 또한 덩달아 피폐해지는 것 같다.

도대체 만사에 의욕이 없다. 무기력한 나날을 보내게 되었다. 그러다가 문득, 모든 것을 잠시 접어두고 건강을 챙기자는 생각이 들었다. 어차피 여생 동안 일해야 할 운명, 이제까지 아들딸 키운 것 말고는 아무것도 이룬 게 없는 삶. 지금 건강을 잃으면 큰일이라는 생각이 들었다.

등산을 시작하려고 장비를 챙겼으나, 한번 멀어진 산을 다시 오르기란 쉽지 않았다. 새벽이나 밤에 달리기나 걷기를 해볼까 생각했는데 새벽잠을 고칠 자신도, 퇴근 후에 다시 집에서 나온다는 것도 자신이 없었다. 그러다가 출퇴근 길 중간쯤에서 나풀거리는 커다란 현수막이 눈길을 사로잡더니 뇌리에 들어앉았다. 휘트니스센터(fitness center)—헬스장. 술자리 한번 값에 무려 3개월에 1.5개월이 덤이라는 유혹을 쉬 떨쳐낼 수가 없다. 이삼 일 핑곗거리를 찾았지만 딱히 댈 만한 것이 없다.

처음 발 디딘 헬스장. 등산을 할 때는 사람들이 모두 산에 온 것 같았는데 헬스장에 가니 모두 그곳에 있는 것 같았다.

퇴근 시간 무렵이라 다들 낮에 일하고 피곤할 텐데….

접수대에 다가가지 못하고 로비에서 서성이며 운동하는 사람들을 하나둘 번갈아 보았다. 텔레비전에서나 볼 수 있었던 근육질의 남자 —사실 로봇 같은 느낌이 들었다. 날렵한 몸매의 백발이 성성한 노인, 작은 덩치에 배만 불쑥 나온 올챙이 중늙은이, 마룻바닥을 쿵쿵 울리며 걷고 있는 뚱뚱보 아줌마, 모두가 자신과 사투를 벌이고 있다. 누가 시켜서 저리 열심히 할까. 그래, 몸이 시켰고 마음이 동했겠지.

엉덩이가 볼록하고 허리가 낭창한 중년 여성이 내 앞을 지나가는 순간, 바로 앞 기구에서 온몸에 굵은 힘줄을 드러내며 근육을 키우던 반백의 아저씨가 내 시선을 잡아끌며 무언의 말을 던졌다.

"우리는 마음보다 몸이 더 젊어. 나이가 몇인데 피곤을 느껴. 휴가철에 웃통 내보이며 해변을 걷고 싶지 않아?"

등록을 하려고 접수대로 다가갔다. 그래 저 사람들도 하는데, 저 나이에도 몸을 가꾸느라 열심인데 나라고 못할게 뭐냐.

내 배를 내려다보았다. 나이만큼 적당히 나온 배, 미끈한 팔다리, 그간 대수롭게 여기지 않았는데 오늘따라 부끄럽다.

망설임 없이 접수하고 트레이너의 안내를 받았다. 트레이너는 살갑게 '아버님' 하며 센터에 온 목적이 무엇이냐고 물었다.

아버님 소리가 듣기 싫으니 삼촌이나 형님, 그 말이 거북하면 그냥 아저씨라 부르라고 하는데도 내가 자기 아버지와 나이가 같다며 말끝마다 '아버님 아버님'이라 불렀다. 그 바람에 엉겁결에 이 나이에 무슨 '몸짱, 근육짱'이냐며 기초 체력을 다지고 싶다고 했다.

몇 가지를 시켜보더니만, 체력이 아주 약하단다. 당분간은 기초적인 운동만 하라고 했다. 스트레칭—자전거 타기—러닝—윗몸 일으키기—스쿼트—러닝—자전거 타기—스트레칭. 며칠은 트레이너가 정해준 횟수가 벅찼다. 종아리가 땅기고 허리와 배 근육이 아프고 온몸이 쉬게 해달라고 안달복달이었다. 마룻바닥에서 발버둥을 쳤다. 오기가 치밀었다.

저녁 시간이면 오로지 운동만 생각했다. 그러기를 한 달.

체력이 금세 좋아질 리 만무하건만 정해진 횟수 이상을 단번에 할 수 있었다. 아령과 역기의 무게도 늘렸다. 나름대로 자신이 생겼는지 운동기구 옆을 서성이거나 옆 사람들이 하는 것을 따라 해보기도 했다. 매일 밤 허기를 견디며 근육을 태웠다.

눈을 맞추는 회원들도 생겼다. 기구에 매달려 용쓰고 있는 나를 지켜보는 어깨가 쩍 벌어진 동년배쯤 보이는 남자 회원, 운이 좋은 날은 같은 시간대에 그곳에 오는—아마, 나와 비슷한 때에 등록한 것 같은— 사람. 그중 어쩌다 눈이라도 마주칠 때면 마음이 먼저 인사하고 가슴이 철없이 요동을 치는 여인이 있었다. 누군가 나를 쳐다보는 듯한 시선에 고개를 들면 어김없이 멀지 않은 곳에서 그 여인이 운동하고 있었다.

콩밭으로 달아나려는 마음을 누르면서도 그 여인이 보이지 않는 날에는 기구에 앉아 입구를 보는 시간이 많아졌다.

그곳을 나오면 금세 잊히는 사람이지만 그 여인을 보기 위해서도 빠지지 않고 운동하러 갔다.

두 달쯤 지났을까. 팔다리 근육이 조금은 붙은 것 같고 가슴이 도톰해지는 것이 느껴졌다. 거울의 내가 제법 대견했다.

마음에 심었던 씨앗은 스멀스멀 어깨 쫙 펴고 해수욕장을 거닐

겠노라는 생각으로 움트기 시작했다. 하루 이틀 날짜 가는 것이 즐거웠다. 운동 강도를 높였다. 그러나 운동 강도를 높인 지 채 며칠이 지나지 않아 몸살이 나고야 말았다. 헬스 몸살이 무섭다더니 뼈에 붙기 시작한 근육뿐 아니라 뼈마디까지도 떨어져 나가는 것 같았다.

며칠을 끙끙대다가 다시 운동을 시작할 즈음이었다. 어머니께서 급작스럽게 큰 수술을 받았다. 금세 퇴원하실 거라는 믿음과 달리 어머니의 병원생활은 길어져만 갔다. 퇴근 후 병원에 들러 어머니를 뵙는 것이 일상이 되었다. 차츰 내 생활도 엉망이 되어 갔다. 그래도 틈나는 대로 운동은 했다. 차 안에서도 집에서도, 틈틈이 아령을 들고 스쿼트, 윗몸일으키기를 했다. 어머니께서 생사를 헤매시는데 자식놈이 제 건강 챙긴답시고 운동한다는 것이 스스로 용납되지 않아서 운동하는 걸 가끔씩 빼먹기도 했다.

긴 병에 효자 없다더니 어머니의 병환 6개월 만에 내 생활이 차츰 제자리를 찾아가고 있는 것 같다. 내가 건강해야 부모님을 잘 모실 수 있다는 생각, 비록 당신은 병원에 있지만 자식이 아프기를 바라지는 않으실 거라는 생각이 살며시 고개를 들어 다시 운동을 계속하고는 있지만 여간해서 내가 꿈꾸는 근육질의 몸매는 만들어지지 않는다. 나는 아직도 마음만 몸짱이다.

달리기

학생 때부터 나는 달리기만큼은 자신이 있었다. 학교 운동회나 직장 단합대회에서 항상 일등이었고 그 덕에 그런 행사의 주연이 되곤 했다. 초등학교 운동회 날이면 키는 작으나 날다람쥐처럼 빠른 나는 친구들보다 한참이나 앞서 결승 테이프를 끊곤 했다. 그 덕에 어머니는 동네 사람들의 부러움을 사기도 했다.

그 자신감은 중·고등학교, 대학교를 거쳐 사회에 나와서까지도 쭉 이어졌다. 요즘 들어 만나는 친구마다 '이젠 마음 따로 몸 따로'라며 한숨이지만, 지인 아들과의 달리기 시합에서 참패를 당하기 전까지만 해도 나는 자신이 있었다. 얼마 전 지인 S가 아들 재명이와 함께 사무실에 왔다.

재명이는 예비 고등학생인데 키가 큰 편은 아니나 날렵해 보였다. S는 재명이가 학원에서 돌아오면 공부를 열심히 하지도, 그렇다고 운동도 하지 않고 쓰러져 잠만 잔다며 질책하였다. 그러자 재명이는 학원에서 힘 다 뺐는데 운동을 어떻게 하느냐며 반박했다.

빙그레 웃으며 티격태격하는 모습을 지켜보다 나는 운동이란 말에 불쑥 참견하고 나섰다.

"한참 운동 좋아할 때 아니니?"

"운동할 시간 없어요."

"시간은 내면 되지. 학교에 운동장이 왜 있겠니?"

나는 자못 진지하게 체력의 중요성을 강조했다.

"제가 운동을 좋아하지는 않지만, 아저씨보다는 나을걸요."

재명이가 내 자존심을 건들었다.

"음, 그래? 나도 운동에는 자신이 있거든."

"좋아요. 무슨 운동 잘하시는데요? 자신 있는 운동 두 가지씩 정해 종목마다 피자 한 판씩 내기해요. 제가 지면 운동도 열심히 할게요."

재명이의 뜬금없는 제안에 내심 당혹스러웠지만, 나는 흔쾌히 받아들였다. 일단 주말에 100m 달리기 시합을 하자고 약속했다.

그리고는 일상에 묻혀 약속을 잊은 채 그 주를 다 보내버렸다. 한참 만에 만난 S는 아들이 나와 약속을 하고부터 집에서 줄넘기 하고 친구들과 학교운동장에서 달리기 연습까지 했는데 아저씨로부터 연락이 없다고 불평한단다. 피할 수 없었다. '주말 오후 4

시, ㅇㅇ초등학교 운동장'에서 만나기로 했다.

드디어 결전의 날. 등산복에 운동화 차림으로 약속 시각에 맞추어 운동장에 갔다. 반소매에 체육복 바지를 입고 몸을 풀고 있는 재명이 옆에서 외투를 들고 있던 S는 나를 반겼다. 우수를 넘은 봄이 겨울의 끝자락마저 밀어내고 있지만, 운동장엔 은연중 이는 긴장감으로 쌀쌀한 기운이 감돌았다.

담배 한 대를 물고서 외투를 벗으려고 할 때, 혼자서 운동장을 돌고 있는 아저씨가 옆을 지나기에 농조의 말을 던졌다.

"아저씨, 제가 저 학생과 달리기하면 누가 이길 것 같아요?"

"허허, 뭘 물어요. 하나마나지."

질문한 내가 바보였나? 아무리 나이가 오십이 넘었다지만 달리기만은 자신이 있는데, 그 자신감으로 해찰 한 번 않고 앞만 보고 달려온 나인데, 어느새 내 자신감이 조소거리가 되다니…. 도저히 용납할 수가 없었다. 어디 한번 두고 보라지. 마음을 다잡으며 출발선에 섰다.

S의 '열 땡'이란 신호에 죽을힘을 다해 달리기 시작했다.

다행히도 반나마 달릴 때까지는 재명이의 발소리가 뒤에서 들렸다. 그러나 그쯤에서부터 바지가 허벅지를 옭아매고 숨이 턱까지 차오르기 시작했다. 앞으로 나아가지 못하고 허공에서 발만 동동거리고 있는 것 같았다. 그래 조금만 더 힘을 내자, 조금만 더. 순간, 재명이가 쌩하고 나를 앞질렀다. 다리에 맥이 확 풀렸다. 결국, 골인 지점을 눈앞에 두고 달리기를 포기하고 말았다. 삼십 년을 지켜오던 자존심이 일순간에 무너져 눈앞이 어질했다.

절반까지는 쏜살같이 달렸는데 그 뒤부터는 눈에 띄게 발이 느려졌고, 반면 재명이는 가속이 붙더란다. 뒤늦게 달려온 S의 평이었다. 나는 그때야 내가 과거에 묻혀 살아왔음을 깨달았다. 이겼다 해도 어차피 내가 살 피자였지만 재명이에게 사준 피자값이 조금도 아깝지 않다.

오늘의 패배는 그동안 망상에 빠져 허우적거리던 내게 자연의 순리를 체득하는 계기가 되었다.

103동

한시도 머릿속이 가벼울 때가 없다. 허우적대는 일상에 머리가 꽉 차 있다. 밤낮없이 변하는 세상에서 뒤처지지 않으려고 발버둥치다 보니 낭만이나 멋은 호사가 되어버린 지 오래다. 앞만 보고 달리는 기관차 같다. 낙엽 지는 가을, 공원 벤치에 앉아 청춘을 그리워하며 흥얼거릴 노랫말도 생각나지 않는다. 노래방이 생긴 뒤로 노랫말도 거의 까먹었다. 까막까막한 것이 나이 때문이라고 가볍게 생각해보지만 그것이 꼭 나이 탓만은 아닌 것 같다. 자주 쓰는 계좌번호는 물론 집전화마저 머릿속에서 빙빙 돌고 아침저녁 드나드는 집 동 호수가 혼동될 때도 있다.

언제부턴가 잠자리에서조차 눈을 편히 감지 못할 때가 자주 있다. 아주 작은 걱정거리가 눈덩이처럼 부풀어 잠을 망쳐버리기도 한다. 이 좋은 계절, 가슴에서는 하던 일 잠시 멈추고 큰 숨 한번 몰아쉬고 쉬어가라 하지만 머리가 나를 전선으로 내몰고 있다. 분명 끝이 있을 텐데! 끝이 보이지 않는 일상에서 잠시 나를 돌아보고 나를 내려놓으면 좀 나아지려나. 바쁠수록 쉬어가라는 말이 생각난다.

며칠 전 바지와 와이셔츠를 세탁소에 맡겼다. 세탁소 주인은 갈 때마다 "몇 동 몇 호지요?"라고 묻는다. 매번 손짓으로 "저기 503호요."라며 별 탈 없이 넘겼으나, 그날은 어쩐 일로 아파트 동을 순서대로 세어보고는 자신 있게 103동 502호 전성권이라고 큰소리로 말했다. 사람을 만나는 것도 비즈니스이므로. 밝고 힘찬 나의 목소리에 기분이 좋았는지 세탁소 주인도 상쾌하게 답을 했다. "좋은 하루 보내세요. 오늘 저녁에 가져다 드릴게요."

며칠이 지난 어느 날 해거름에서야 불현듯 옷 생각이 나서 세탁소에 들렀더니 세탁소 주인은 고개를 갸우뚱거리며 공책을 뒤적였다. 공책에는 내 이름은 어디 가고 '103동 502호'라고 또박또박 적혀 있었고 빨간 펜으로 'X'가 그어져 있었다. 세탁소 주인은 그날 저녁에 바로 배달했다고 했다.

"아니요, 아닌데요." 내 목소리가 올라갔다. 불현듯 어두운 그림자가 내 앞을 스쳤다. "아니, 저게 103동 아닌가요?"라고 말하는 내 손끝을 빤히 쳐다보며 세탁소 주인은 그건 107동이라고 했다.

어이없다는 표정을 애써 숨기며 세탁소 주인은 오토바이를 타고 103동으로 가더니 채 몇 분이 지나지 않아 돌아와서 어깨를 쫙 펴고 배를 내밀며 옷을 건네줬다. 103동 502호에서 세탁물을 받은 학생이 엄마가 챙겨 가겠지 하고 자기 방에 걸어 두었더란다.

아침저녁 집에 드나들 때마다 나는 건너편에 있는 103동을 흘끔흘끔 바라보는 버릇이 생겼다. 그리고 그 103동을 바라볼 때마다 우리가 잃어버리고 사는 것들을 곰곰 되새기곤 한다.

간섭쟁이, 그 녀석

굵은 팔자 주름과 반백에도 내 인기는 사그라들 줄 모른다. 갈수록 더한다. 카메라감독은 지치는 기색 없이 밤낮으로 렌즈를 들이댄다. 일상을 벗어나도 내게 주어진 잠시의 자유마저 빼앗아버린다. 그물망 걸쳐진 그 어떤 곳이라도 나의 육신은 움직여야 하는데. 길이 아니면 내 혈관을 통해서라도 나아가고 싶은데…. 행여 하는 순간에도 그늘막에 몸을 숨긴 채 외눈을 크게 뜨고 있다. 일 푼 출연료도 줄 생각이 없으면서 말이다.

감시 카메라—간섭쟁이 카메라 그 녀석! 사실 그 녀석은 나를, 내 가족을 지켜준다고 생각하고 싶은데도 도대체 정이 가지 않는다. 사회질서라는 허울로 내 본능을 억누르는 것은 어쩔 수 없지만, 부끄러워 누구에게도 말할 수 없었던 아픈 기억이 있기 때문이다.

내가 다니던 회사는 종각 인근에 있었다. 1분이면 내 전용서재,

ㅇㅇ문고에 갈 수 있었다. 조금의 여유만 있어도 그곳에 갔다. 아무리 두꺼운 책이라 해도 불과 며칠이면 한 권을 다 읽을 수 있었다.

어느 날이었다. 업무 관련 전문서적 뒷면에 CD가 있었다. 책 내용과 사진이 있는 부록이었다. 너무 욕심이 났다.

사고 싶었으나 생각이 많아졌다. 부지불식간 내 양심과 인격은 어디론가 가버리고 내 손은 이미 그 CD를 뜯어 윗옷 주머니에 넣고 있었다.

찰나의 기쁨에 젖어 있는 순간, 말끔하게 양복을 입은 사람이 나를 향해 잰걸음으로 오고 있었다. CD를 뜯을 때 두 눈을 부리나케 움직였는데. 주변엔 사람이 없었는데….

오메, 일이 벌어지고야 말았구나! 속칭 관리실로—사실은 감시실 — 가는 길이 어찌나 음침하고 멀던지. 고개를 푹 숙이고 따라갔다. 신병 시절 야간 행군도 그리 멀고 힘들지는 않았다.

작은 방에는 두세 명이 나무의자에 엉덩이만 삐쭉 걸치고 고개를 푹 숙이고 있었고, 그들의 하얗게 질린 얼굴과 달리 대여섯 대의 모니터는 거만하게 매장 구석구석을 비추고 있었다. 나는 그들 틈에 끼어 앉을 용기가 나지 않아 멀거니 서 있었다. 어릴 적 수박 서리를 하다 말고 주인에게 끌려나와 혁대 풀리고 신발 한 짝 벗겨진 채 멀거니 서 있던 때가 생각났다. 관리인은 이유나 자초지종은 묻지 않았다. 다짜고짜 책값을 변상하라 했다. 흔쾌히 그리하겠다고 했는데도, 규정상 집에 가서 책을 검사해야 한다고 했다. 거리낌 없다 생각했지만, 순간 아이들과 아내가 스쳤다. 멈칫하자, '고발한다, 직장으로 가자.'는 등의 협박이 이어졌다.

관리인은 내게 현금 있느냐고 묻더니만 택시를 잡았다.

기사에게 시간이 없으니 속도를 내라 했다. 천천히 가자고 해도 막무가내였다. 속도위반 벌금까지 청구하려나. 과속에, 신호위반에, 아이들 앞에 구겨질 아버지의 체면을 생각하니 머릿속이 하얘졌다.

우리 집인데, 현관문을 열기 전에 그리도 불안하고 답답할 때가 있었던가. 집 나갔던 며느리가 제 발로 들어오는 기분이랄까. 관리인은 혹 아이들이 있으면 곤란하니 내가 먼저 들어가 본다 했는데도 굳이 같이 들어가야 한다며 따라 들어왔다. 다행히 집에는 아무도 없었다. 그 사람은 숙련된 솜씨로 책장에서 책을 하나 둘 뽑아 도장이 안 찍힌 책을 골라냈다. 책이 누렇게 변색이 되었건 새 책이건 가리지 않고 책 위나 밑부분에 빨간 도장이 없는 것은 모두 변상해야 한다며 책값을 적기 시작했다. 할 말이 없었다. 도장을 찍지 않고 파는 서점들이 대부분이었고, 선물 받은 책이 많았는데 다 변상하라니. 기가 막힐 노릇이지만 일을 더 크게 벌이고 싶지 않은 마음뿐이었다. 자그마치 그 책값의 열 배가 넘는 금액을 변상하란다. 아! 그러나 어찌하랴.

이제껏 내가 산 책 중에서 제일 비싼 책을 그날 샀다. 이후 그 서점은 내 삶에서 지워버렸고, 나는 감시 카메라 노이로제에 걸렸다.

아직도 나를 대놓고 죄인 취급하는 것인가. 내 삶 자체가 죄인가. 누군가가 매일 수십 번씩이나 감시의 눈초리로 내 일거수일투족一擧手一投足을 참견하다니 허락할 수 없는 불쾌감을 억누를 수가 없다.

갈등

1) 이발

이발소에서 자른 머리와 미용실에서 자른 머리는 무언가 다르다 한다. 이발소 머리는 아저씨 스타일이고 미용실 머리는 젊어 보이고 세련되어 보인다 한다. 정말 그럴까? 외모에 크게 관심 없는 내게 썩 믿기는 말은 아니지만 이발하러 갈 때마다 고민에 빠진다. 이발소 앞에 갔다가도 나란히 있는 깔끔하고 세련되게 단장된 미용실을 기웃거려 본다.

한번 가볼까? 아니야, 그래도 묵은 된장이 낫지. 이발소에 들어간다.

사실 나는 한동안 미용실에 다녔다. 떡하니 단골미용실도 있었다. 그러나 지금은 이발소에 간다. 머리가 꺼칠할 때 편하게 들어가 헝클어진 마음을 정리한다. 정을 듬뿍 싸가지고 나온다. 그곳에서는 노소老少 없이 사람 사는 이야기를 나눌 수 있다. 싹싹싹

가위 소리가 이발하는 것 같고, 깔끔한 얼굴 면도와 시원스레 박박 머리를 감겨주기 때문이다.

며칠 전, 단골이발소에 갔다. 문 앞에 희미하게 돌아가던 이발소 표시등이 깔끔하고 큰 것으로 바뀌었다. 쌍으로 옥상 위에서도 돌아가고 있었다. 다른 곳은 아예 문을 닫아버리거나 개점 휴업한 경우가 많은데 표시등을 새것으로 바꾼 것을 보니 그간 돈 좀 벌었나 싶었다. 내가 갈 때마다 순번을 기다렸으니.

그러나 명절이 코앞인데도 이상하리만큼 한가했다. 엉덩이 부분이 꺼져 있고 가죽 천은 오래되어 불어튼, 골동품가게에서나 볼 수 있는 구닥다리 의자가 새것으로 바뀌었고, 안쪽에 커튼 칸막이가 생긴 것 외에는 그대로였다. 이게 웬 행운인가. 의자에 앉고 조금 지나자 짧은 치마를 입은 낯선 아가씨가 다가왔다. 은은한 향수 냄새가 좋았지만, 순간 놀라 일어섰다.

"사장님, 어디 가셨어요?"

"외출하셨는데 곧 오실 거예요. 쉬고 계세요."

편하게 바뀐 의자에 앉아 있다 보니 스르르 잠이 쏟아졌다. 부지불식간 한숨 자고 기지개를 키려는데 사장님이 다가왔다.

"오셨어요? 한 이십 분 주무셨네요. 피곤하셨나 봐요."

"근디 손님이 없네요?"

사장님은 씁쓸한 미소를 지으며 말했다.

"단골손님 때문에 웬만하면 버티려 했는데, 단골도 이제…. 바꿔봤어요."

실내등이 어두워졌다 했더니…. 둘 다 한참 동안 말이 없었다.

"사장님, 가위 한 번만 잡아주시죠."

"이번만이에요. 이놈의 정 때문에."

쓴웃음을 짓더니 가위를 들었다.

2) 금연

아! 동지들도 하나둘 떠나가려 하는구나! 의지대로 서서 돌아다니는 생명이 그 설 자리를 하나둘 잃어가고 있는 현실이 안타깝네.

널 자주 만나고 싶은데 시기 질투하는 사람이 너무 많은 것 같아. 사람이 좀 모이는 곳이면 어김없이 금지라고 빨갛게 써놓더니만 이제는 길거리에서조차 널 만나지 마라며 협박하기까지 하네 그려. 너를 무척이나 아끼는데 너에 대한 내 애정 마음대로 표현할 수 없으니 어찌할꼬.

생각해보면 너와 난 참으로 질기고도 깊은 인연이야. 아직도 너를 처음 만난 날을 잊지 못하고 있어. 풋내기 대학생 시절이었어. 그때 봄은 참으로 어수선했지. 아침부터 정문을 넘어 진군하자고 모여들었어. 나는 그 축에 당연히 끼어야만 하는 줄 알았지. 바닥에 철퍼덕 앉아 제법 진지하게 시국을 논했지. 그런데 말이야. 너를 삐딱하게 물고 있던 친구 녀석이 왜그리 멋있던지. 눈치 빠른 그 녀석이 너를 권하기에 넙죽 받아 물었지. 너에 대한 인심만은 그때나 지금이나 좋은 것 같아.

나만 애인이 없다는 생각에 불을 붙였지. 그런데 목에 탁 걸려 연기가 넘어가질 않더군. 넌 내가 싫었던 거니? 그래도 포기하지 않고 널 꿀꺽 삼켜버렸어. 어찌 그리 독하고 매콤하던지. 가스 냄새가 더해져 깊은 기침에 콧물이 줄줄 흘렀어. 어쭙잖은 어른 행세, 죽을 맛이더라고. 그렇게 너를 알게 된 거야.

너와 하나가 돼버린 것은 군에서였던 것 같아. 글쎄 너를 공짜로 주더라고. 고된 훈련 뒤에 너는 무척이나 달콤했지. 그래서 너에게 참으로 많은 애정을 쏟았어.

참, 너 때문에 직장생활이 얼마나 힘들었는지 아니? 하필 들어간 회사가 전 그룹 차원에서 우리나라에서 최초 금연운동으로 WHO(세계보건기구)에서 상을 받았다더군. 입사할 때 너와 절교하겠다는 서약까지 했지. 부서에 가니 더하더군. 부서장은 나와 너를 반드시 갈라놓겠다고 보증까지 섰다나. 상금을 걸고 동지들끼리 신고하게까지 했지. 너를 끊었다는 녀석들은 —사실 그 녀석들이 너와 진짜로 절교했는지는 알 수 없지만 —수당을 챙기더라고. 승진 때마다 어려움이 있었지만, 경위서에 각서까지 써가며 너를 지켰어.

핑계라 말하겠지만 난 인연을 아주 중요하게 여기거든.

사실 너와 절교하겠다고 한두 번 마음먹은 것이 아니었지. 큰 위기도 있었어. 결혼하고 나니 아이들이 제일 무섭더군. 녀석들이 말이야, 냄새난다며 얼굴을 찌푸리더군. 아이 엄마도 큰 응원군을 등에 업고 의기양양하게 윽박지르기까지 하더라고. 힘들었지. 하지만 난 아이들이 밉지 않았어. 내 건강을 위해서란 것을 알고 있었거든. 지금도 아이들 앞에선 너를 멀리하는 척하고 있어. 그쯤은 너도 이해하잖아.

솔직히 말해서 잠시 생각할 일이 있거나 무료할 때, 때로는 초조할 때 넌 나에게 많은 도움을 줘. 그것은 부정할 수 없지.

하지만 너는 문제가 있는 것 같아. 요즘 느끼는 건데 널 많이 만나면 피곤한 것 같아. 몸이 약해져서만은 아닐 거야. 그리고 너에 대해 정나미가 떨어질 정도로 신랄한 방송을 볼 때 마음이 흔들리는 것은 사실이야.

너 냄새가 지독하다는 것 아니? 가끔 맡아보는 손가락은 네 냄새에 절어 있고 옷에서도 냄새가 나. 네 흔적은 또 얼마나 지저분하니. 내가 지저분해지는 느낌이야. 널 아끼는 내가 그러니 다른 사람은 오죽하겠어.

그리고 말이야. 네 몸값은 어찌 그리 쉼 없이 찔끔찔끔 오르니. 이거 원. 기왕 올릴 거면 엄두가 안 나게 대폭 올려버리든지. 약

올리는 미끼에 홀린 기분이야. 올해도 어김없이 다른 나라에 비해 싸네! 어떠네 하며 몸값을 올리려고 안달이네 그려.

작년 연말이었어. 동네 구멍가게에 갔는데 노란 돼지저금통이 먼지를 뒤집어쓴 채 숨을 헐떡이고 있더라고. 한 마리를 구제해 줬지. 왜냐고? 새해부터는 너를 멀리하고 건강 챙기고 또, 네 몸값을 모아 여행하겠노라고 굳게 마음먹었거든. 그런데 책장 한쪽에서 주린 배를 쥐어 잡고 퀭해진 눈 껌뻑거리는 돼지를 언제나 떳떳이 볼 수 있을지.

솔직히 너와 만남을 줄일 생각은 있었는데…. 왜 이리 핑곗거리가 많니? 창작한답시고 밤만 되면 너를 아예 끼고 사는 거 너도 알지? 글쓰기를 그만둘 수는 없을 것 같고, 그렇다고 깊은 애정 단번에 끊는다는 것도 못할 짓인 것 같으니 말이야.

솔직히 나도 모르겠어. 어찌해야 할지.

3) 이불 속

이불 속은 어머니 품속이다. 고향이다. 나이가 들어도 어머니 품속이 늘 그립고 가슴속에는 고향이 늘 자리 잡고 있듯이 한여름에도 이불 속이 그리울 때가 있다.

삶은 갈등과 선택이라더니…. 하루를 갈등 속에서 맞고 있다. 아침마다 이불 속에서 한참을 뭉그적거린다. 정신은 잠에서 깨어났지만 결국은 몸이 시키는 대로 이불을 끌어당긴다. 언젠가 들은 적 있는 '잠에서 깨어 곧바로 일어나면 건강에 해롭데요.'라는 말, 나를 위한 말인 것 같아 앵무새처럼 되뇐다.

나는 유달리 잠을 잘 잔다. 잠자리에 누우면, 아니 굳이 눕지 않아도 자야겠다고 생각하면 채 몇 분이 지나지 않아 곯아떨어진다. 하여 잠자리에서 누구와도 다정히 이야기를 나눈 적이 없다. "몇 시간을 헤매다 잠들었느니, 새벽까지 뒤척였느니"하는 소리는 먼 나라 이야기다.

성공한 사람들이나 덕이 높은 수행자들은 하루에 서너 시간만 잔다 한다. 그러나 나는 성공이나 수행과는 거리가 먼 범인인지라 조금이라도 잠이 부족하면 그날은 맥을 못 춘다. 그런 날은 시간을 쪼개서 조각 잠으로 라도 채워야 한다.

거의 매일, 잠깐이라도 낮잠을 잔다. 간혹 머릿속에서 '잘 잠 다 자고 뭔 일을 하겠냐.'고 몸에 묻기도 한다. 그러나 점심 먹은 후 졸린 눈이 슬며시 닫힐 때 참을 수야 있겠지만, 비몽사몽 시간을 보내는 것보다 잠깐 눈을 붙이면 맑은 정신을 되찾을 수 있고 혹, 전날 밤에 못 잔 두세 시간의 잠을 십 분으로 대신할 수 있으니 얼마나 효율적이냐며 게으른 몸은 답한다.

사실, 잠을 줄이고자 발버둥을 친 적이 있다. "세월이 유수와 같다."는 말을 실감하는 지천명을 넘어설 때였다. 계산기를 꺼내 두드려보았다. 인생 백세시대라지만, 자는 시간을 빼면 인생 육십이요, 시간으로 따지면 대략 오십만이 조금 넘는 시간밖에 안 되는 인생. 한 시간 하루 일 주가 이리 잘 가는데…. 이십만 시간 이상을 보내 버렸다고 생각하니 허망함이 밀려왔다. 먹는 시간, 나이 들어 허약한 시간을 제외하면…. 이리저리 빼고 나니 남은 시간이 별로 없다.

인생의 삼분의 일을 잠잔다고 생각하니 기가 막히다. '어어'하다가 영원히 누워 잠잘 날이 바로 눈앞인 것 같다. 이게 인생이란 말인가. 이불 속이 좋고 잠이 많은 체질이라 돌려 세우지만 밀려오는 허탈함을 막을 수는 없다.

우리 삶은 이불 속에서 시작되고 끝난다지만 미리 연습할 필요까지야 있겠느냐고 자문하다가, 지금껏 나의 최고 지정병원은 이불 속이요, 주치의는 잠이라는 생각에 살며시 이불 속에 발을 묻는다.

갈등을 풀다
— 염색

염색의 유혹을 받을 때마다 갈등 끝에 내린 결론은 내가 철들 때, 아니 철들었다고 느낄 때 염색하리라고 마음을 접어두었다. 머리가 반백이 될 때까지 숱한 주변의 권유나 무언의 압력은 오히려 반발심만 키웠다. 나는 급기야 염색에 대한 생각 자체를 빙하 속에 가두어버렸다. 빙하는 계절이 바뀌고 해가 바뀔수록 더 단단해졌다.

그러나 어머니의 투병생활이 일 년을 막 넘어서고 봄기운이 살랑거릴 때, 평생 녹을 것 같지 않던 빙하에서 변화의 기운이 모락모락 피어나는 것이 느껴졌다. 반백의 머리로 흰머리가 거의 보이지 않는 팔순이 넘은 아버지를 뵙기가 민망하고 예를 갖추어야겠다는 생각이 스멀스멀 움트기 시작했다.

그 후 며칠간 친구를 만날 때마다 머리를 쳐다보며 염색을 화제로 달고 살았다.

“염색하면 머리가 아프다던데”, “염색하면 눈이 나빠진다던데” 라며 궁금증과 의문 등을 묻고 또 물었다. “염색한 지 오래됐어. 요즘은 염색약이 좋아져서 괜찮아. 염색하면 십 년은 젊게 보인다.”는 한결같은 대답이었다.

며칠간 그 굴레에서 벗어나지 못했다. “염색하면 젊어 보이지요. 그렇지만 골고루 퍼져 있어서 멋있는데요.”라는 전에 몇 번 들었던 위안의 말은 젊어 보인다는 환청으로 들렸고 은연중 염색을 권하는 말투로도 들렸다. 사업상 만나는 사람들도 하나같이 자신을 가꾸지 않는 사람하고는 거래하지 않겠다며 염색을 종용하는 것 같았다.

이젠 염색을 해야 할 때라는 마음의 결정에 대한 변명거리가 바닥나자 작은 점이던 생각은 거목이 되어 생명이 돌기 시작하고, 개나리 진달래가 꽃망울을 터트리자 덩달아 크고 환한 꽃을 피웠다.

급기야 이발소에 갔다. 이발사는 검은 돼지처럼 새카만 머리는 질색이라는 내 말에 새치가 많아 짙은 갈색 계통의 염색약을 쓰면 무난하다고 했지만 어느 정도의 색인지 알 수 없었다. 왠지 마음이 편치 않아 한 번 더 생각해보고 오겠노라며 이발소를 멋쩍게 빠져나왔지만 그 자리를 크게 벗어나지 못하고 길 건너 염색약 전문점에 들어갔다.

내 어색한 몸짓과 반백의 머리를 본 가게 여주인이 살갑게 다가

와 염색약 색깔별로 전시된 가발을 들춰 보이며 내 덩치가 작고 얼굴이 동안이라 염색하면 정말 젊어 보일 것이라며 한 제품을 권했다. 굳이 자기의 나이까지 말하며 윤기가 흐르는 머리를 들춰 보이는 자신감, 억지스럽지 않은 미소. 좀처럼 끝날 것 같지 않은 여주인의 염색 예찬론에 내 마지막 몸부림은 봄기운에 얼음이 녹듯 사르르 풀어지고 말았다. 급기야 나는 떡하니 염색약 세트를 사들었다.

계산 후 가게 안을 서성이는 나에게 눈치 빠른 주인은 길 건너 이발소에 염색약을 가지고 가면 싸게 염색을 해줄 것이라며 밀치듯 나를 떠밀었다.

그래, 이왕 마음먹은 거 용기를 내어 그 이발소 문을 다시 열고 염색약 세트를 내밀었다. 이발사는 알듯 모를 듯한 미소를 지으며 비닐 옷을 입히고 귀에 비닐 덮개를 씌웠다.

외계인 같은 모습에 속웃음을 참느라 이발소 의자에 앉을 때마다 으레 오던 잠도 오지 않았다. 염색이 빨리 끝나기만을 바랄 뿐이었다.

머리를 감고 부리나케 거울을 보았다. 내 머리에 서리가 가신 것이 실로 얼마 만인가. 초등학교 때부터 한두 개씩 삐져나오기 시작하던 새치는 내 나이 겨우 반백에 왕국을 건설한 듯했는데, 계절도 때도 모르고 머리에 하얗게 내려앉아 있던 서리가 단 몇 분 만에 사라졌다. 검은 머리에 앞서 내 마음이 먼저 청춘으로 돌아간다. 인생 자체가 갈등과 선택이라지만, 풀고 보니 꺼리도 아니었는데 이제껏 갈등했단 말인가. 어쨌든 풀고 나니 마음이 한결 가볍다. 늘 일상에 지쳐 축 늘어져 있던 어깨가 쭉 펴진다.

다들 젊게 보이려고 안달인데 반백이 되도록 염색 한 번 않고 살았던 내가 잘못된 것인가. 내일 출근했을 때 반응이 어떨까. 아이들은 내 모습을 보고 뭐라고 할까. 친구들은 또 어떤 반응을 보일까. 나는 뭐라고 대답하지. 생각만 해도 웃음이 절로 난다.

내가 젊었을 때는 조숙하고 안정되어 보이려고 부단히 애를 썼지만, 깊이 자리를 잡고 물러갈 기색을 보이지 않는 팔자주름과 기세를 꺾지 않고 넓어지고 있는 이마가 이젠 거꾸로 젊게 보여야 할 때라고 말하고 있다. 짊어진 짐을 내려놓을 때가 한참이나 남은 나, 하루가 다르게 변화되는 세상에서 억지 춘향이 될지언정 검은 머리 힘차게 날리리라. 어차피 혼자 살 수 없는 세상, 쓸데없는 아집을 버리고 세태의 조류에 어우렁더우렁 맞춰 살아가기로 하니 마음이 편하다. 오늘따라 거리의 젊은이들이 더 멋져 보인다.

거꾸로 가는 시계

거실 귀퉁이에 육중한 몸매의 괘종시계가 풀이 죽어 서 있다. 오랫동안 정해진 시각마다 '댕 댕 댕…' 점잖은 소리로 가족을 깨우던 귀한 몸이 지금은 천장에 매달린 앙증맞은 양면 시계에 밀려 한낱 장식품 신세다.

빨라진 해거름에 발버둥을 치다가 지쳐 쓰러진 것인지, 어제 피로가 가시기도 전에 또 하루를 열어젖히는 여명이 두려웠던 것인지 네 시 오십 분에 발이 묶여 있다. 시계 판 밑에 매달린 금색의 긴 추도 아예 정신줄을 놓아버린 채 축 늘어져 있다. 그나마 긴 추 뒤, 단정히 줄지어 있는 황금색의 둥근 막대와 봉황이 양각된 황갈색 문이 옛 영화를 비추고 있을 뿐이다.

문 뒤에 시계태엽 레버가 있다. 시계나 사람이나 밥을 먹어야 움직일 수 있지 않은가. 구멍에 레버를 넣고 '드르륵 드르륵' 배가 차서 손사래 칠 때까지 밥을 준다. '스르륵' 태엽이 풀리는 소리를 듣고 시계추를 흔들자 언제 깊은 잠에 빠졌었느냐는 듯 활기를 되찾는다.

다섯 시에 맞춘다. 댕 댕 댕 댕 댕. 아침마다 비몽사몽간 듣던 휴대폰의 기계음이 아니고, 조용히 집 안 분위기를 사로잡던 그런 온화한 소리다.

더 듣고 싶어 열두 시에 시각을 맞춘다. 댕 댕 댕 댕…. 소리는 집 안 구석구석을 깨우고 그 울림은 내 귀를 지나 마음속 깊은 곳까지 파고들며 그간의 안부를 묻는다.

그 순간 마음이 요동치기 시작한다. 긴 한숨이 터져 나온다. 괘종시계를 응시하며 '자네가 잠들었던 그때로 시간을 돌릴 수만 있다면 얼마나 좋겠는가.'라며 하소연을 한다.

시간을 거꾸로 돌릴 수 있다면. 아니, 시간을 거꾸로 돌릴 수 있는 기회가 일생 단 한 번이라도 주어진다면….

바늘을 거꾸로 돌려 다시 네 시 오십 분에 맞춰놓았다.

사실, 시간을 거꾸로 돌릴 수 있기를 소망한 것이 이번만은 아니다. 몇 해 전 부여 낙화암 아래 고란사에서 약수를 연거푸 벌컥벌컥 마셔대며 '다시 젊어질 수만 있다면….' 을 몇 번이나 마음으로 되뇌었다. 천년이 넘는 세월 온갖 풍상을 그대로 받아낸 고목 둥치에 손을 대고 앞으로 살아가면서 후회하는 일이 없도록 하리라는 다짐을 했다.

그 이후 휘뚜루마뚜루 살다 보니 그 다짐을 까맣게 잊어버렸었지만.

얼마 전 약속장소인 식당 구석방에서 거꾸로 가는 시계를 보고는 다시 그 생각을 떠올렸다. 퇴근 시간 정체로 약속 시각을 놓친 터라 꽁무니를 쭉 빼고 슬그머니 자리에 앉으려 할 때 벽시계가 눈에 띄었다. 아니, 뭐야? 약속 시각을 한 시간이나 지나 바늘은 일곱 시를 기웃거리는데 시계 판의 글씨는 '5'였다. 아하! 그것 참 신기하네! 단지 시계판의 숫자 나열만 거꾸로 했을 뿐인데 시간이 거꾸로 가네. 궁둥이를 붙이다 말고 엉거주춤 한참을 시계만 쳐다보았다. "아직 다섯 시네. 한 시간이나 빨리 와서 죄송해요." 라며 능청을 떨자 다들 박장대소 한다. 이미 시계에 대해 한마디씩 한 것 같았다.

한 시간이 지나자 한 시간이 젊어지는 것 같았다. 그날 오후에 한 작은 실수, 두어 시간만 지나면 그 실수 없앨 수 있을 텐데. 시간을 어제, 한 달, 일 년, 십 년 전으로 돌리면 실수투성이인 내 인생이 구겨진 옷감 다림질하듯 반듯하게 펴질 것 같았다.

산다는 게 왜 이리 착잡할까. 이리 몰리고 저리 쫓기면서도 딴에는 신중을 기하는데. 하다못해 발걸음을 옮길 때조차도 고민 끝에 선택하여 한 발 한 발 내딛는데. 며칠을 고민하고 조언까지 구하여 얻는 선택이 부메랑이 되어 인생을 흔들어버릴 때가 종종 있으니. 진정 살아 숨 쉰다는 것 자체가 후회와 다짐의 반복이란 말인가!

시간을 거꾸로 돌릴 수만 있다면….

고추

고추, 그놈을 달고 태어나서 평생 그놈을 뗄 수도 없는 나는 고추에 아예 맥을 못 춘다. 미식가도, 입맛이 까다롭지도 않은 나는 타고난 한국인의 입맛대로 어머니의 손맛에 젖어 살고 있다. 그런데도 고추를 보면 눈이 먼저 알아채고 얼굴은 꼭 티를 낸다.

매운 음식을 먹었을 때 콧잔등에만 송골송골하던 땀은 사회 이력이 한 줄 한 줄 늘어갈 때마다 눈 밑까지 솟아나고, 심지어 뒷덜미까지 적신다. 친구들로부터 특종감이라며 놀림을 받는 일은 예사다.

어려운 자리에서 식사할 때 나는 일단 조금이라도 고춧가루가 보이는 것에는 아예 손을 대지 않는다. 맛은 둘째다. 남들이 얼큰하니 좋다고 하면 나는 속이 쓰리다는 말로 둘러댄다. 그러나 나도 한국 사람, 김치나 깍두기를 어찌 외면할 수 있으며 얼큰한 찌개를 보고 어찌 고개를 돌린단 말인가.

집에서는 식탁에 일단 수건을 챙겨두지만 음식점에서는 난감할 때가 많다. 다들 도란도란 담소를 나눌 때에도 나는 식탁용 휴지를 뽑아 차곡차곡 쌓아놓고 여벌 물수건을 챙기느라 그 이야기에 낄 틈이 없다.

젓가락질 몇 번 만에 땀을 닦느라 왼손이 바빠지기 시작하고 식탁 구석에 휴지가 쌓이기 시작하면 내 그런 모습에 익숙하지 않은 이들은 그냥 넘어가질 않는다. 그들은 나에게 "젊은 사람이 팍 곯았네. 집사람 바람나지 않도록 잘해라." 등등의 조미료를 쳐댄다. 설령 아무 말을 하지 않는다 할지라도 그들은 안쓰럽다는 표정을 숨기지 않는다.

그럴 때마다 "그래도 딸, 아들, 딸 셋을 낳았거든."이라고 받아치거나 "예, 어제 과음을 했더니."라며 둘러대지만 내심 '저 사람들 말이 맞나?'라는 생각이 들 때도 있다.

음식점마다 국이건 찌개건 청양고추 하나쯤은 꼭 썰어 넣는 것 같다. 설령 멀건 국물로 눈속임했다 할지라도 숟가락을 입에 넣기가 무섭게 매운맛이 얼굴로 곧바로 올라온다. 더러 덜 맵게 해달라고 주문을 하지만 내 입에는 별반 차이가 없다. 내가 정성을 다해 고추를 건져내더라도 이미 국물에 우러난 매운맛은 가시질 않는다. 숟가락 젓가락 들랴 휴지 들랴 바쁜 손놀림에 밥을 다 먹기도 전에 소화가 되어버릴 것 같다. 일단 땀샘이 한꺼번에 터져 버리면 막을 수가 없다. 땀은 얼굴에 도랑을 만들며 졸졸 흘러내려 급기야 국에 뚝뚝 떨어지기도 해서 국 맛이 달라지기도 한다. 순간 내 얼굴은 워터파크(Water Park)가 된다.

항온동물인 나. 그깟 고춧가루에 추우나 더우나 땀구멍을 열고 난리일까. 나는 '병인가' 하는 걱정보다는 사람들의 재미삼아 툭툭 던지는 반 농담조의 말에 항변하는 것이 점차 신물이 나 결국은 한의원에 갔다. 원장님은 체질적으로 대장 등에 열이 많아 자극적인 음식을 먹을 때 머리 쪽으로 상열上熱 되는 것으로 병이 아니라 했다. 그는 얼굴에 땀이 나지 않게 할 수는 있으나 아마도 다른 곳, 대개는 겨드랑이에서 그만한 땀을 배출해야 한단다. 밥 먹다 얼굴의 땀이야 수시로 닦으면 그만이지만, 겨드랑이에 땀이 나면 웃옷을 벗고 닦을 거냐는 원장님의 반문에 그냥 나올 수밖에 없었다.

피할 수 없으면 즐기고, 즐길 수 없다면 그냥 운명처럼 받아들이라는 말이 있다. 그나마 내가 남자라서 다행이지 행여 여자로 태어났더라면 끼니때마다 아마존 원주민 몰골이 되어버린 얼굴의 화장을 고치느라 고개를 못 들 것 아닌가.

나는 매운 음식 먹을 때 불편한 것이 사실이지만 그 덕을 보고 있는 것 또한 사실이다. 비록 팔자주름과 이마의 계급장, 반백의 머리는 피해갈 수 없어도 피부만큼은 아직 청춘이요, 체력이 그렁저렁 좋은 것도 곯았다는 말에 오기가 생겨 산에 오르기 시작했고 헬스장에도 나가지 않는가.

오늘도 곁에 있는 사람은 난로에 안겨 자는 기분이라며 가슴에 머리를 묻는다. 내일 아침상에 오이고추라도 올라오려나.

메밀국숫집에서

때 이른 더위에 산, 내, 들이 맥을 못 추고 있다. 따가운 햇살에 화들짝 놀라 부산하던 도롯가의 꽃이며 푸새도 정수리가 따가운지 먼지를 이고 늘어져 있다.

이런 날에 나는 즐겨 단골 메밀국숫집을 찾는다. 이 집의 메밀국수는 더위가 깊어갈수록 맛이 깊어진다.

끼니때와 관계없이 손님들은 대기표를 받아야 한다. 더위에 지쳐 문턱을 넘어서면 마당 모퉁이 단지에서 얼음 조각이 둥둥 뜬 물을 한 그릇 준다. 손님들은 물그릇을 받아들고 평상이 늘어져 있는 정자나무 아래 서 있거나 간간이 보이는 돌부리에 엉덩이를 빼죽 걸치고 번호표를 주시하며 차례만 기다리고 있다.

오늘 나는 해거름이 서산으로 줄달음칠 때에야 허기를 채우고 더위도 식힐 겸 메밀국숫집에 왔다. 맛에 허기가 더해져 젓가락에 둘둘 말아 두세 번 입에 후루룩 넣다 보니 금세 국물만 남는다. 아직 얼음 기가 남아 있는 국물로 아쉬움을 달래고 아껴둔 얼음물로 입가심하려는데 평상 끝에서 혼자 국수를 드시는 할머니가 보인다. 나만큼이나 메밀국수를 좋아하시나, 혼잣말을 되뇌며 계산대로 가려다가 문득 고향의 어머니 생각이 나서 그 할머니가 앉아 계시는 평상으로 발걸음을 옮긴다.

"할머니, 점심이 늦으셨네요?" 할머니는 아무 말씀 없이 천천히 국숫발을 잡았다 놓았다 할 뿐이다. 둘 사이에 한참이나 침묵만 흐른다. 이윽고 할머니는 "오늘이 내 생일이라우." 나직이 말씀하시며 고개를 든다. 그리웠던 자식이라도 만난 것처럼 할머니의 주름진 얼굴에 드리워진 구름이 한 조각 한 조각 걷히는 것이 느껴진다. 대화 상대가 무척이나 그리웠나 보다.

"혼자시네요?"

"아니, 자식 셋 다 못 온다네요."

그리움 방울이 눈가에 맺힌다. 할머니는 며칠 전부터 메밀국수가 생각나 일찍 오려 했는데 점심 겸 저녁으로 지금에야 드신단다. 나는 천천히 드시라고 말한 후 슬그머니 일어나 계산대로 간다. 그리고 할머니의 메밀국수 값을 계산하고 덤으로 메밀총떡 1인분을 주문한다. 주인아주머니는 내게 아는 할머니냐고 묻는다.

"처음 뵈었는데 오늘이 할머니 생신이라네요. 혼자 저리…."

돌아와 다시 할머니 곁에 앉는다. 조금 지나자 아주머니는 총떡 말이 1인분과 2 · 3인분이 넘을 메밀무침이 가득 담긴 큰 접시가 있는 쟁반을 들고 온다. 할머니는 깜짝 놀라며 이러면 안 된다고 손사래를 친다. 아주머니는 해맑은 미소로 말한다.

"매달 마지막 주 수요일이면 어르신들을 대접해요. 부담 없이 잡수세요."

할머니가 이걸 어떻게 다 먹느냐고 다시 한 번 손사래를 친다. 그러자 아주머니는 "드실 만큼 드시고 나면 포장해 드릴 테니, 집에 가서 나중에 잡수세요."라며 할머니 곁에 걸터앉아 다정히 말을 잇는다.

"혼자 사세요?"

"아니, 영감이. 이날 평생 속만 썩이며 돌아다니더니 죽을병을 가지고 기어들어와…."

"자녀분들은요?"

"내가 죽었을까 봐 가끔 전화는 하는데 명절 때나…. 지들 새끼들하고 먹고살기 바빠서…."

두 분이 이런저런 이야기를 나눌 때에 나는 먼 하늘만 쳐다보다가 이내 고개를 떨군다. 그들이 꼭 집어 내 이야기를 하는 것 같았기 때문이다.

나는 오랫동안 고심한 끝에 몇 년 전에 부모님을 뵈려면 족히 반나절이 걸리던 곳에서 이제 한 시간이면 넉넉한 곳으로 사업장을 옮겼다. 사실 부모님과 가까운 곳에 살면서 자주 찾아뵙겠다는 생각이 중요한 이유 중의 하나였으나 이곳에서의 생활에 몸이 배자 처음 생각과 달리 무심하기는 예나 별반 차이가 없다. 무늬만 집안의 장손인 나, 여전히 그 무늬를 우산 삼아 하늘을 가리려고만 한다. 부모님은 세월을 기다려 주지 않는다는 말만 속으로 되뇔 뿐이다.

비로소

1

내 판단의 기준은 항시 나 자신이었다. 나는 몸과 마음이 불편한 사람들에게조차 눈과 머리로만 다가갔을 뿐이었다.

사실 눈앞에서 잠시 동정했을 뿐 가슴까지 쓰리지는 않았다. 나는 나 스스로 마음의 문을 닫고 있었다.

지난 찔레꽃 필 무렵, 그런 나에게 마음의 빗장을 풀 수 있는 일이 일어났다.

친구들과 저녁을 먹는 자리였다. 소주 서너 잔이 돌아가자 대화는 자연스레 건강에 관한 이야기 쪽으로 흘러갔다.

우리는 연식이 오래되고 보니 운동의 필요성을 비로소 느낀다는 한 녀석의 말에 맞장구를 쳤다. 그때 한 친구가 근처에 탁구장이 있다며 젊음을 다시 불태우자고 했다.

우리는 서로 호기를 부리며 근처 탁구장으로 갔다. 오랜만에 잡아본 라켓은 어색하기 짝이 없었다. 공은 내 호기를 놀리듯 제멋대로 튀며 취한 나를 흔들어댔다. 그러다 아뿔싸. 나는 옆에 있던 훈련 테이블 그물을 밟고 미끄러져 오른쪽 무릎 안쪽을 마룻바닥에 찍히고 말았다. 누가 뭐래도 날쌘 제비였던 내가….

그날 저녁 나는 통증으로 잠을 이룰 수 없었다. 그리고 이를 악물고 다리를 질질 끌며 출근한 다음날, 병원에 갈 수 있는 조금의 짬도 없었다. 그래서일까. 공포의 긴 밤을 다시 맞았다. 한숨도 잘 수 없었다.

창에 비치는 여명에 병원 응급실을 찾았다. 십자인대 파열이라 했다. 의사는 막무가내로 무릎에 석고를 대며 3주 정도 움직이지 말란다. 마른하늘에 날벼락이지.

매일 쏘다녀야만 한 푼이라도 수익이 발생하는 나에게 깁스는 가혹한 형벌이었다. 한쪽 다리를 뻗고 앉아 있는 의자가 가시방석이었다. 하루하루가 힘들고 답답했다. 급기야 나는 사흘 만에 병원을 다시 찾았다. 의사 선생님께 깁스를 풀어달라고 통사정을 했다. 담당 의사는 상태가 심각하다고 완강히 거절했지만 나의 갖가지 변명은 석회 덩어리를 걷어내게 했다. 무릎이 욱신거렸지만 그래도 살 것 같았다.

며칠 뒤 한 시골 마을 고샅에서 삐걱대는 유모차를 잡고 오다리의 버거운 발걸음을 옮기는 할머니를 보았다. 나는 가던 길을 멈추고 할머니께서 저 멀리 고샅 귀퉁이를 돌아 사라질 때까지 깊은 생각에 빠졌다. 내가 과연 다리를 다치지 않았다면 무심코 보았을 할머니의 모습에서—어디서나 볼 수 있는 흔한— 걸을 수 있다는 행복함을 가슴으로 느끼고 있었다.

벌써 몇 년째 삶의 전부를 가족에게 의지하고 계시는 어머니. 어머니께서 저렇게라도 움직일 수 있다면….

그 할머니가 한없이 부러웠다. 삶의 본질은 혼자서 용변을 보고, 밥을 먹고, 가고 싶은 데 갔다가 오고, 밤에 편히 자는 것이 전부인 것 같은데…. 나는 이런저런 생각에 애먼 돌부리만 차다가 발길을 돌렸다.

2

직장은 비가 오면 우산이 되고 눈이 올 때는 방한복이었다. 그곳은 오르락내리락 한없이 펼쳐진 능선에서 그늘을 드리우는 나무였다. 나는 퇴사하고 나서야 비로소 그 말이 틀리지 않는다는 것을 깨달았다. 옛 어른들의 말이 그렇듯 직장 선배들의 조언 또한 마찬가지였다.

많은 직장인의 소망이 회사를 박차고 나와 자기 사업을 하는 것이란다. 나 또한 그랬다. 동료들에 비해서 빠르다 싶게 회사를 그만두었다. 처음에는 좋았다. 누구 하나 눈치 주는 사람 없고 나

또한 눈치 볼 사람이 없었다. 피곤할 때는 황제 부럽지 않은 자세로 늘어지게 쉴 수 있었다. 직장에서의 꿈이 한 걸음만 떼면 닿을 수 있는 거리에 펼쳐져 있었다.

그러나 불과 반년이 채 지나기도 전에, 사회는 내가 생각했던 것처럼 만만하지 않다는 것을 알게 되었다. 봉급날이 있는 것도 아니고 연봉의 개념도 없었다. 몇 개월 동안 발버둥을 쳤지만, 수익은 아예 없었다.

우물 안에서 본 세상은 항시 바람 한 점 없이 푸르렀는데 퇴사해서 본 세상은 정반대였다. 보이는 것이 다가 아니었다. 세상은 넓고도 높기만 했다. 그곳에서는 세찬 바람이 불고 눈비가 흩뿌린 날이 많았다. 한 발짝 나아갈 수도 없는 날이 많았다. 바깥세상은 내가 한 발 나아갈 때마다 너무도 큰 수업료를 앗아갔다. 내가 신입사원이었을 때 회사는 봉급을 주면서 알려줬는데…. 진짜 사회 초년생인 나는 돈을 써가며 걸음마를 배웠다.

그동안 나는 회사를 그만두려 한다는 친구를 만났을 때 별다른 말을 할 수 없었다. 하지만 지금은 비로소 '회사에 있을 때가 좋다. 나오고 싶거든 몇 년 더 준비해서 나와라.'고 힘주어 말하고 있다.

3

나는 요즘에야 비로소 절감하는 것이 있다. 나도 어쩔 수 없다. 누구도 피해갈 수 없는 것 같다.

불과 몇 년 전까지만 해도 내가 들고 다니는 수첩은 형식적인 액세서리에 불과했다. 나름 기억력에 자신이 있었기에 메모할 필요가 없었다. 그러니 어찌 다른 사람의 건망증을 이해할 수 있었겠는가. 그러나 지금은 내가 이제껏 다른 사람의 건망증에 대해 쏘아댄 타박의 화살이 나에게 돌아왔음을 느끼고 있다.

요즈음 들어 건망증이 더 심해지는 것 같다. 애써 누를수록 그 기세가 더 파릇파릇해진다. 분명 나이 때문은 아닐 거야. 잡념을 없애고 모든 일에 단순해지면 건망증이 줄어들까. 혹, 기억에 영향을 미치는 영양 성분이 부족해서일까, 아니면 담배 연기 때문일까.

분명 나는 부엌의 가스 불을 켜 놓고 나오거나 마트에서 아이를 맡겨놓고는 잃어버렸다며 실종신고를 할 정도는 아니다. 곰곰이 생각해보면 그렇게 심각한 것은 아닌 것 같다. 하지만, 요즘 들어 전화기를 놓고 나왔다가 집에 되돌아간 적이 한두 번이 아니다. 지갑을 놓고 출근하지를 않나 회의 서류를 챙겨놓고 그냥 나온 횟수가 늘어난다. 차 시동을 걸기 전에 생각나면 운이 좋은 날이다. 약속장소에 도착하기 바로 전에야 '아차' 하는 생각이 들 때가 늘어난다. 사무실에 머리를 긁적이며 되돌아갈 때는 한심한 생각에 발걸음조차 조심스럽다.

세상사事는 체득할 때에야 비로소 그 내면에 진정으로 다가갈 수 있다는 것을 비싼 수업료를 내며 배우고 있다.

나이 먹으면 안다더니 비로소….

냄비 밥

그녀를 만난 지 해소수. 그녀는 반짝반짝 빛나는 외모와는 달리 까칠하지만 단순하기 그지없다. 그녀를 조금만 배려해주고 알아주면 항시 소보록하게 다가온다.

지난 초겨울 저녁이었다. 며칠째 전기밥솥에서 뒹굴던 말라비틀어진 밥을 모래알 씹듯 하다가 문득, 어머니가 해 주시던 윤기가 자르르 흐르고 김이 솔솔 나는 밥이 그리워졌다. 그래, 냄비 밥을 해 먹자. '가족을 떠나 혼자 생활하는 것도 서러운데 밥이라도 맛있게 먹자.' 몇 술 뜨다 말고 부리나케 냄비 밥을 했다. 그런데 이런! 먹을 수 있는 밥이라고는 반 공기밖에 안 됐다. '뭐가 잘못되었을까? 냄비 바닥이 너무 얇다는 생각이 들었다.

그래, 쇠뿔도 단김에 빼라고. 나는 곧장 마트에 가서 바닥이 두껍고 묵직한 놋쇠 냄비를 샀다. 그 이후 그 냄비는 내 기대를 저버리는 일이 없었다.

그런데 며칠 전 늦은 저녁이었다. 국 냄새가 솔솔 나기 시작할 때 '빵' 하고 폭발음이 났다. '아니, 뭔 소리야. 유리 파편은 또 뭐야.' 이런 젠장! 레인지 뒤에 냄비 뚜껑이 있으리라고는 생각도 못했다. 냄비 뚜껑은 처참히 박살나 버리고 테두리만 둥그러니 남아 있었다. 낭패였다. 이 뚜껑 저 뚜껑 씌워봤지만, 도대체 맞는 것이 없었다. 그러던 차에 프라이팬이 보였다. '그래 저것을 씌워보자.' 안성맞춤이었다. 그러나 그 냄비는 며칠 동안 몽니쟁이가 되었다. 정성을 다했지만 내 마음을 알아주지 않고 바람에 흩날릴 것 같은 밥을 내놓거나 시커멓게 눌려버리고 반나마 돌려주지도 않았다.

나도 참을 수 없었다. 결국 얼마를 버티지 못하고 마트에 갔다. 뚜껑만은 팔지 않았다. 고민 끝에 '냄비를 하나 더 사서 뚜껑을 번갈아 쓰자.'고 생각했다. 비슷한 것이 있었으나 집에 있는 것보다 커 보였다. 직원에게 한 치수 작은 것이 있느냐고 물었지만 없다는 싸늘한 대답뿐이었다.

'집에 있는 것보다 큰 것 같은데…. 그래. 크면 바꾸면 되지 뭐.'

집에 오는 내내 왠지 마음이 개운치 않았다. 역시나….

그 이후 바꿀 생각으로 상자에 넣어두었다. 그러나 언제부턴가 그 녀석은 슬그머니 레인지 한쪽을 차지하고 있었다. 국이나 찌개를 끓이기도 하지만 행주를 삶는 등 궂은일을 마다치 않고 있다.

우스꽝스럽게 팬을 뒤집어쓰고 있는 작은 냄비와는 달리 그럴듯하게 생겼고 그리 호들갑스럽지도 않은 것 같다.

가끔 그 녀석은 뚜껑을 들썩이며 나를 불러 조심스레 입을 연다. 기대에 어긋나지 않을 테니 조리대 밑에 처박아두지만 마란다. 까칠하고 도도한 작은 녀석과는 다를 것이라 했다.

며칠 전, 큰 녀석에게 절호의 기회가 왔다. 그 녀석으로 일 인분 밥을 했다. 전날 작은 녀석이 몽니를 부려 숯검정이가 지워지지 않아 물에 담가두었기 때문이다. 쌀이 바닥을 겨우 덮을 정도여서 물 조절이 그리 쉽지 않지만 정성을 들이면 되겠지. 그러나 넓은 바닥이 반은 가져가고 반 공기밖에 내놓지 않았다.

'다시 적응해야 하나. 아니야. 다 자기 몫이 있는 거야.'라고 생각했다. 군데군데 색이 벗겨졌고 바닥엔 기미 자국이 가득해도 혼자 먹는 밥에는 작은 녀석이 제격이었다. 나는 이미 그녀에게 길들여진 것 같았다.

나는 그녀가 좋다. 몇 번이나 그녀를 떠나려고 마음을 다져봤지만 쉽지 않았다. 전기밥솥에 해보기도 했지만 식은밥 덩어리에 이내 방 한쪽에 밀쳐놓고 말았다.

그녀는 나에게 밥맛을 알려주었다. 시각 후각을 자극하여 입맛을 붙드는 마술쟁이다. 김치에 콩자반, 김 부스러기만 있어도 그녀는 부드럽게 다가온다. 보드랍고 차진, 누룽지의 달보드레한 그 맛, 내가 정성과 시간을 들여 지은 밥이어설까.

백 가지 반찬도 그녀와 비교할 수 없다. 그녀는 나에게 "서두르면 될 일도 안 되니 기다리라."는 교훈까지 주었다.

누군가 "요즘 전기밥솥이 얼마나 잘 나왔는데….", "자그마한 돌솥은 어때?"라며 꼬드겨도 그녀를 쉬 떠나지 못할 것 같다.

누룽지

누룽지는 나에게 최고의 간식이요 별식이다. 입맛이 없거나 찬거리가 마땅치 않을 때는 누룽지가 최고다. 출출할 때 허기를 달랠 수 있고 뒷맛 또한 개운하기 때문이다.

나는 어릴 적부터 누룽지를 유별나게 좋아했다. 구수한 냄새에 부엌을 기웃거리면 어머니는 눈웃음을 지으며 손짓했다. 동생을 피해 눈치껏 다가가면 누룽지 한 움큼을 쥐어 주었다. 밖에서 놀다가도 저녁 밥하는 시간이면 어김없이 들어갔다. 누룽지 냄새가 편더기까지 날 리는 없고, 시계도 없었건만 귀신같이 시간에 맞춰 집에 들어갔다.

신혼 때, 아이엄마는 전기밥솥이 부엌 한 자리를 떡하니 차지하고 있어도 나의 누룽지 타령에 추임새까지 넣으며 박자를 맞추었다. 하지만 아이들이 하나 둘 셋 늘어감에 따라 그리 좋아하던 누룽지를 가뭄에 콩 나듯 먹게 되었다. 어느 순간부터 "마트에서 팔던데….”라며 딴전을 피우는 횟수가 늘어났다. 때로는 울며 겨자 먹기로 마트에 가지만, 냉기가 핑핑 도는 딱딱한 맛에 금세 후회가 밀려왔다. 몇 번 씹다 내팽개치고 적당히 온기가 흐르고 부드러운 그 맛을 찾아 부엌으로 가곤했다.

요즘은 누룽지가 머릿속에 아른거리면 팔을 걷어붙인다.

목마른 사람이 샘 판다고 프라이팬에 밥을 얇게 펴고 주걱으로 눌러가며 누룽지를 만든다. 불을 줄이고 코를 크게 열고 기다린다. 구수한 맛이 몸에 닿으면 누룽지를 뒤집어 거짓 열기를 준다. 비슷하게나마 어머니가 가마솥에서 긁어 주던 밥알이 듬성듬성 묻은 한쪽 누룽지가 된다.

서당 개 삼 년이면 풍월을 읊는다고 이제는 누룽지 도사가 되었다.

누룽지 만드는 데도 기다릴 줄 알아야 한다. 급한 마음에 행여 불 조절에 신경을 쓰지 않으면 냄비 바닥은 숯검정이가 된다.

이제 “삼중바닥 냄비인데….”라는 핀잔은 귀에 익숙해졌다.

핀잔을 듣고 나면 한동안은 밥 짓는 것을 자청한다. 반드시 냄비 밥을 한다. 아내는 내가 염불보다는 잿밥에 마음이 있다는 것을 알면서도 이젠 잔소리하는 것도 지친 것 같다. 소파에 앉아 가끔 고개를 돌릴 뿐이다.

밥을 푸고 누룽지는 다 긁지 않는다. 반나마 긁어낼 뿐이다. 숭늉 때문이다. 숭늉은 입을 개운하게 하고 마음을 편안하게 한다.

최고의 후식이다. 찬이 변변찮아도 "거참 잘 먹었네!"라는 말이 절로 나온다. 어디 그뿐이랴. 자리끼 숭늉은 늦은 밤이나 새벽녘의 출출함을 달래주고 달보드레한 맛이 하루 내내 온몸에서 배어나게 한다. 하루를 부드럽게 달래주기도 한다. 어디 이만한 보약이 있을까.

된바람 소리에 마음이 싱숭생숭하다. 우두둑우두둑 누룽지 씹는 소리에 근심을 묻고 싶은 밤이다. 오랜만에 부엌에 들어가야겠다.

마음Ⅱ

아침에 좀 일찍 집을 나섰다. 집 앞 도롯가에 세워둔 차에 다가갔다. 사이드미러가 벌렁 뒤집어진 채 유리는 박살이 나 있었다. 아침부터 이게 뭐람. 유리 조각들은 맑고 따뜻한 봄 햇살에 형형색색 치아를 드러내고 속절없이 배시시 웃고 있었다.

나는 꺾인 후시경을 돌려놓고 차에 올랐다. 다가오는 차가 수십 대로 보였다. 그 시간에 그 정도 일로 견인차를 부를 수도 없고 보험 처리하기도 난감했다. 그래, 앞만 보고 조심스레 운전하자. 그리 멀지 않은 사무실까지 가는 것은 큰 무리가 없을 것 같았다. 큰 숨 몇 번 들이쉬며 앞차 꽁무니를 좇다 보니 사무실에 도착했다.

점심나절, 사무실 앞 버드나무가 정신없이 바람을 잡는다 했더니 먼 바다에서 먹구름이 제법 많은 봄비를 품고 오고 있다는 일기예보가 들렸다. 하늘은 아직 맑았지만 나는 서둘러 서비스센터에 갔다. 정비기사는 먼 산 닭 구경하듯 힐끗힐끗 쳐다보고는 유리박스를 통째로 바꿔야 한단다.

그러면서 정품은 도색이 안 되어 나오기 때문에 시간이 이틀 정도 필요하고 금액은 십칠만 원이라고 했다. 내일 비가 온다는데 이 상태로 어찌 다닐 수 있겠느냐고 해도 입꼬리를 올릴 뿐이었다.

나는 한숨을 쉬며 애먼 차바퀴만 몇 번 차다가 밑져야 본전이라는 생각에 자동차 공업사로 길을 돌렸다. 기름때가 두세 겹 덕지덕지한 손으로 트럭 타이어를 갈던 공장장이 밝게 웃으며 나를 맞았다. 아직은 봄이 문턱을 갓 넘었을 뿐인데도 검붉게 탄 얼굴의 공장장은 내 차의 후시경을 보더니 운 좋게도 맞는 재고가 있다며 날더러 유리만 사오라고 했다.

용품사 직원은 조그만 상자를 내보이며 팔천 원이라 했다. 하늘에서 거금이라도 떨어진 듯 기분이 날아갈 것 같았다. 공장장은 유리를 바꿔 끼우고는 후시경을 쓰다듬으며 참말로 귀한 몸이라며 후덕한 웃음을 지었다. 공업사를 나서는데 절로 웃음이 났다.

나는 친구에게 전화했다. "어이 친구, 오늘은 내가 돈을 써야 하는데." 자초지종을 이야기하자 그 친구는 껄껄껄 웃으며 '야 인마, 생돈 팔천 원하고 시간을 버렸는데 어찌 돈을 벌었느냐며 산수 똑바로 하라.'고 면박했다. 친구는 이미 선약이 있지만, 미룰 테니 태우러 오라고 했다.

우리는 시내 먹자골목으로 향했다. 친구는 주차할 곳이 없다며 투덜댔다. 나는 이제껏 어디에 가든지 내 차 주차할 공간은 꼭 있었고, 만약 없을 때는 두세 바퀴 돌다 보면 자리가 생길 테니 좀만 더 기다리자고 했다. 그리고 그곳은 그러려니 생각하고 가면 마음이 편하고 주차할 곳도 있다고 했다. 친구는 어이없다며 내 어깨를 툭툭 쳤다.

두 발을 가진 내가, 둥그런 바퀴 달린 내 차가 가지 못할 곳이 어디며 어디라고 꺼리겠는가. 그렇다. 어디에 가든지 나를 위한 공간은 떡하니 비워져 있다. 그도 그럴 것이 자리가 생길 때까지 다시 오고 또 기다리니 당연히 내 자리가 있는 것이다. 아메리카 인디언의 기우제처럼 말이다. 그들이 기우제를 지내면 반드시 비가 온다고 한다. 그들은 며칠이건 몇 달이건 마음과 마음을 합쳐 비가 올 때까지 기우제를 지내니 당연한 것 아닌가.

마음은 세상사의 시발역과 종착역이라더니, 아침에 깨진 유리를 보았을 때 왠지 속이 상하기보다는 맑은 하늘이 먼저 보이고 봄기운에 마음이 포근했었다. 이미 벌어진 일, 지나가던 차가 그랬건 철부지 학생이 발차기를 했건 간에 그 사람인들 마음이 편했겠느냐고 느긋하게 내 마음을 다잡았다.

하루아침에

지난여름은 세상을 가마솥에 넣고 끓이는 듯했다. 아예 세상을 집어삼킬 것 같았다. 이글거리는 태양에 정신 줄을 놓은 날이 많았고, 바람도 나무도 목말라 숨을 죽였다. 여름은 끝날 것 같지 않았다.

입추가 지나자 시치미를 떼고 가을의 치맛자락을 하늘거렸다. 포악스럽던 여름도 계절 앞에서는 하루아침에 고개를 떨구었다. 자기 외에는 어느 것도 용납하지 않던 까칠한 여름은 시원한 바람이 솔솔 고개를 내밀고 어느 둔치 들풀이 숨겨둔 씨앗 보따리를 내밀어도 수수방관이었다. 비가 와 식은 바람에도 고개를 돌릴 뿐이었다.

그리고 불과 며칠, 볼을 스치는 찬 기운에 가을 향이 묻어왔다. 한결 두꺼워진 옷도 무겁게 느껴지지 않았다. 엉겁결에 찬물을 끼얹었다가 무심결에 '앗' 소리를 질러댔다. 망초 위 고추잠자리는 부쩍 높아진 하늘을 따라 오르락내리락하고 아이들은 다가올 개학 준비에 부산하다. 고개를 빳빳이 들고 철없이 하느작거리던 만경 평야는 하루아침에 고개를 숙이고 노란 물결이 넘실거리기 시작한다. 회색빛 도회지에서 힘겹게 녹음을 드리우던 가로수에도 점점이 붉고 노란 점이 보이기 시작한다. 어느새 쌓이기 시작한 낙엽이 바스락거린다.

세월 앞에 장사 없다더니 내 몸뚱어리도 '하루아침에'라는 말이 딱 들어맞는다. 하루가 멀다고 변덕스럽다. 아직도 반이 남은 인생길에서 처진 몸을 길바닥에 눕히고 싶을 때가 있다. 어느 날 갑자기 무릎 관절이 삐걱거리는 것 같다. 그냥 툭툭 털고 일어났을 일인데도 다리에 깁스까지 했다. 치과에 자연스레 드나들고 있다. 넓어진 이마 옆에선 흰머리가 하나둘 보이고 팔자주름은 굳이 내 나이를 말하려고 안달이다. 작은 생채기라도 날 때면 앙상한 몰골을 드러낸 영락없는 깊은 중년이 된다.

예전의 나는 어디 가고 얼굴엔 잡티가 하나둘 보이고 아랫배가 나온 중년의 아저씨가 있다. 이제 나는 자연스레 머리에 염색약을 바르고 있다. 나이 계단을 한 칸 두 칸 올라갈 때 체력 계단은 두 칸 세 칸씩 뚝뚝 떨어진다. 더 이상 떨어지고 싶지 않아 마음의 사다리를 잡고 발버둥을 쳐보지만 이내 어깨가 축 처진다.

비록 작달막한 체구이지만 건강만은 누구에게도 뒤지지 않는다고 자신했었는데…. 철없이 앞만 보고 달리다가 멈춰 서 보니 여기저기 덜덜거리는 몸뚱이만 남았다.

모든 태풍은 순간적으로 발생한다고 한다지만 그것이 어찌 하루아침에 생겼으랴. 여러 날 태평양이 달궈질 때 몸서리를 치며 힘을 키웠을 것이다. 고대 그리스의 아르키메데스가 부력의 법칙을 알아내고 '유레카'를 외치며 목욕탕에서 발가벗은 채로 뛰어나온 것도, 뉴턴이 떨어지는 사과를 보고 만유인력의 법칙을 발견한 것도 몇 날 몇 달 아니 몇 년을 고심하다가 문득 알아냈을 것이다.

나는 이제까지 끊임없이 내적으로 흐르고 있던 조용한 흐름을 눈치채지 못했다. 내 중심적 틀에서 벗어나려 하지 않았고 심지어는 눈을 감아버리고 굳이 보려 하지 않았다. 닫힌 마음과 눈을 조금이라도 진작 열었더라면….

지난 시절은 설핏 잔 한숨 같고 세상의 모든 일은 하루아침에 일어난 것 같지만 내 인생에 하루아침에란 말은 없다.

십 분

내 행동은 느리지 않다. 나의 성품 또한 너그러운 편은 아니다. 그러나 나는 나 자신에게만은 한없이 너그럽다. 내가 하는 일은 물론이요 내가 한 약속도 항시 내가 중심이다. 다른 사람의 시간은 중요하지 않다. 내가 늦으면 다 이유가 있고 또한 용서가 된다. 지금까지 살아온 삶이 그리 녹록하지만은 않았는데도 내 자신이 한 모든 일을 다 인정하려 한다. 딱히 좋은 습성이 아닌 줄 알면서도 그런 습성들이 나도 모르게 몸에 익었다.

나는 오늘 친구의 전화를 받고 십 분 안에 갈 거라는 약속을 했다. 내가 사는 곳이 아무리 작은 지방도시라 할지라도 제때에 도착하려면 서둘러야 한다는 것을 알면서도 가볍게 십 분이란 말을 내뱉었다. 그러고는 오 분 이상을 그냥 허투루 보내버렸다. 그때서야 마음이 바빠졌다. 신호마다 나를 붙들고 신호마다 꼬리에 걸렸다. 눈치껏 가속페달을 밟아 운 좋게 통과했을 때도 다른 차가 또 앞을 막아섰다.

약속장소에 가까워질수록 핑곗거리를 찾느라 머리가 지끈거렸다. 아무 생각 없이 십 분이라 말한 것이 후회스러웠다. 좀 서두를 걸, 아니면 넉넉히 시간을 잡든지. 은연중 시간은 나를 위해서만 존재한다는 생각이었는지, 아니면 내가 늦더라도 기다리겠지라는 생각이었는지.

친구는 약속 시각에 이십여 분이 지나서야 허겁지겁 도착한 나를 보고 말없이 고개를 돌렸다. 나는 이때다 싶어 오늘도 늦어버렸다며 얼버무리려 하자 오늘따라 친구는 자기 시간만 귀한 줄 아냐며 투덜댔다. 그는 십 분쯤은 늦어도 된다는 것이 너의 습성이라며, 만약에 일이 분을 다투는 약속이라 해도 이렇게 늦을 거냐며 타박까지 했다. 무려 이십 분을 창문만 바라보며 기다렸단다. 내가 허비한 시간까지 합하면 사십 분이 의미 없이 날아가 버렸다며 그간 늦은 시간까지 다 보상하란다.

제 시간을 지킨 적이 드물다며 문제 있는 것 아니냐고 묻는데 더 이상의 변명거리가 떠오르지 않았다. 하긴, 나는 이제껏 내 시간의 중요성도 깨닫지 못하고 지내왔는데 어찌 다른 사람의 시간까지 생각할 수 있었겠는가. 오랫동안 별 생각 없이 입에 달고 살아온 십 분.

사실 나는 약속 시각 십 분은 늦을 수도 있다고 생각하고 살아

왔다. 언제부턴가 나의 십 분은 고무줄이요 때론 요술방망이가 되어 있었다.

십 분. 이제껏 나는 그 짧은 시간은 아무렇게나 써도 되고, 또 시간은 끝없이 주어진다는 착각에 사로잡혀 살아온 것 같다. 우리는 초를 다투며 시간의 종착역에 다가가고 있는데도…. 얼마 남지 않은 시간이지만 그 안의 십 분을 어떻게 생각하고 사용하느냐에 따라 철로를 대륙 너머로 연장할 수 있는 기회를 얻을 수도 있고, 천금千金을 얻을 기회일 수도 있다는 사실을 깨닫지 못하고 살아왔다.

그것은 십 원짜리 동전 같은 것이다. 사실 십 원짜리 동전을 중시하는 사람은 거의 없다. 나뿐 아니라 대부분의 사람이 의식조차 하지 않는다. 더욱이 모이고 쌓이면 백만 원이 되고 몇 억이 되기도 한다는 것을 생각하며 사는 사람은 거의 없다.

십 분은 분명 나에게 촌각이요 의식되지 않는 시간이지만, 상황에 따라서는 천금에 비할 바가 아닐 수 있다. 십 분 휴식은 훈련병이나 학생에게 꿀맛이 되고, 단 십 분간의 면회를 위해 몇 달 몇 년을 기다리다가 몇 시간을 달려온 연인이 있고, 부모가 있지 않은가. 중요한 협상이나 회의 시 그 시간 먼저 도착해서 매무시를 가다듬고 서류를 다시 검토하거나 마음의 정리를 하고 상대방을 맞이한다면 뜻하는 대로 일이 잘 마무리될 것이다. 반대로 머리를 긁적이며 회의장에 들어선다면 무슨 주장을 펼 수가 있으랴.

십 분이 모이면 한 시간이 되고, 하루, 일 년이 되어 종국에는 여생餘生이 된다. 남은 시간이 많지 않은데 십 분은 얼마나 귀중한 시간인가. 오늘 만난 친구는 내게 큰 깨우침을 주었다.

일 년 넘게 앓아누워 계신 어머니는 나날이 병환이 깊어가고, 늘 어린것으로만 여겼던 아들 녀석은 군대에 갔다.

나도 이제 조금은 철이 들고 있는 것 같다. 내게 주어진 시간은 일 초, 일 분, 십 분이 멀다하고 줄어드니, 그 가치는 배수 삼 배수로 커지고 있다는 것을 이제야 어렴풋이나마 깨닫게 되니 말이다. 육체가 먼저 알려줄 때야 비로소 그 정체를 알아가는 이 우둔함이라니….

한 삽 한 삽

아침을 간호 침대에서 맞았다. 어젯밤도 어김없이 선잠을 잤다. 자정이 훨씬 넘을 때까지 몸을 뒤척이다가 가까스로 눈을 감았는데 잠결에도 선명히 들리는 간호사의 카트 미는 소리, 삐거덕거리는 병실 문 여닫는 소리, 건너편 환자의 끙끙 앓는 소리 그리고 어머니께서 "아들 아들아." 부르는 소리에 머리는 꼬박 보초를 선 것 같다. 머리는 비몽사몽, 몸뚱이는 밤새 몽둥이에 두들겨 맞은 것 같다.

다행히도 간병인이 일찍 왔다. 단 하룻밤의 병간호에 주체 못하는 몸을 이끌고 서둘러 병실을 나왔다. 그런데 이게 웬일. 잠자리에 눕고만 싶었는데 나는 부지불식간에 가족묘지에 와 있다.

산소가 볼만하다. 잔디밭인지 풀밭인지 파릇파릇한 놈, 납작 엎드린 너저분한 놈, 나름대로 작은 꽃을 점점이 피운 앙증맞은 녀석들이 제각각 주인 행세를 하고 있다. 불과 한 달 만에 이리 난장판이 되다니. 발에 쥐가 나고 손아귀의 힘이 빠져 얼얼할 때까지 하나하나 뽑고 또 뽑는다. 머리가 멍해지고 몸이 무거워지기 시작하지만 이게 문제가 아니다.

오후에 비가 많이 온다는 예보에 정신이 없다. 그러면서도 나는 짬짬이 바로 밑 무섭도록 질서정연하게 일이 착착 진행되는 축구장 몇 배 넓이가 될 법한 밭에 자꾸만 눈길이 간다.

밭 여기저기에 약을 살포하는 트럭, 흙을 부수고 이랑을 만드는 트랙터가 굉음을 내고 있고 한쪽에서는 오십여 명이 넘는 인부들이 왁자지껄 고구마순을 심고 있다. 한참 풀을 뽑다가 고개를 돌리면 고구마순 심긴 이랑이 눈에 띄게 성큼 다가와 있다.

고개를 들어 묘원을 둘러본다. 이제야 좀 동자승처럼 말끔하다. 드디어 끝이 보인다 생각하고 허리를 펼 때다. 밭 주인인 듯한 분이 바로 밑에 세워둔 트럭에서 고구마순을 내린다. 순간 나는 머리와 다르게 말이 앞섰다.

"아저씨, 순 두 다발만 살 수 없어요?"

"예, 기다려 보세요. 심고 남으면."

"읍내에 나가야 하는데 일이 끝이 없네요."

아저씨는 한참을 말이 없다가 순을 넘겨주며 미소를 건넸다.

"그래요. 이웃 간에."

"지갑이 차에 있으니 조금 있다 가져다 드릴게요."

"종일 있을 건데 천천히 줘요."

막상 순을 사 놓고 나니 막막하다. 작년, 그러께는 이른 봄부터 산소에 올 때마다 조금씩 밭을 갈며 고구마 심을 준비를 했었는데. 막상 삽을 들었으나 굳어버린 밭을 단숨에 일구기가 만만치 않다. 산소에 올 때마다 조금씩 일궈놓았으면 좋았을 것을….

한 삽 한 삽 일구는데 아래 밭의 농기계에 자꾸만 신경이 간다. 지금이 어느 시대인데 삽으로 땅을 파고 있는가. 저 트랙터면 단 몇 분 안에 이랑까지 내버릴 텐데. 하지만 이 좁은 비알밭을 어쩔 텐가. 힘들어도 한 삽 한 삽 일구다 보면 끝이 있겠지.

그러나 밭을 반나마 일궜을 뿐인데 내가 뭐하는 짓인가 하는 생각에 그만 삽을 집어던지고 싶어졌다. 그깟 고구마 사 먹으면 되지, 아프면 큰일 난다는 어머니의 말씀이 연이어 귓전을 때린다.

하지만 어머니께서 건강하실 때 풀밭이 되어버린 밭을 가리키며, 권했던 고구마 농사 아니던가. 한 땀 한 땀이 옷을 만들고, 겨자씨만 한 믿음이 있으면 능히 태산을 옮긴다고 했지 않았는가.

굴지 않을 것 같던 일이 보이지 않게 끝을 향해 가고 있다. 쪼그려 앉아 풀을 맬 때는 아린 다리에 가려 느끼지 못했던 허기가 몰려온다. 때마침 밭 바로 위 언덕에서 고사리를 꺾는 아주머니가 내가 농사꾼 같지 않았는지 한마디 한다.

"농사일 아무나 못 해요."

"예, 삽보다 이놈의 몸뚱어리가 더 무겁네요."

시간은 끼니때가 넘었다. 아래 밭의 인부들은 점심 먹으라는 호루라기 소리에 밭 가장자리에 옹기종기 모여 있다.

혹여나 혼자 일하고 있는 나를 부르지 않을까 싶어 그쪽으로 슬그머니 가보지만 금세 파장분위기다. 이미 끼리끼리 수다를 떨고 있고 막걸리 통 두드리는 소리에 장단을 맞춘 육자배기에서 취기가 흐른다. 참 내, 인심이 고약한 건지, 내가 때를 못 맞춘 건지. 남아 있는 물을 벌컥벌컥 마시고 마음을 다진다. 몸뚱이의 무거움과 배고픔 정도야.

다행히도 밭을 다 갈고 이랑을 만들어 비닐을 반나마 씌울 때까지 비는 오지 않는다. 해가 먹구름에 들어가니 오히려 삽이 가볍다. 비닐 씌울 이랑이 두어 줄 남아 있을 때 비닐 위에서 들려오는 "뚝 뚝 뚜드둑" 소리도 내 마음을 재촉하지 못하고 가벼워지는 마음을 무겁게 하지는 못한다.

일의 끝이 보인다 생각하니 몸뚱이가 한없이 가볍다.

한 삽이 결국 밭을 일구고 이랑에 비닐까지 씌운다. 그래, 이쯤 내리는 봄비는 꿀비라는데 꿀을 실컷 마셔보리라. 신발에 덕지덕지 붙은 흙은 발걸음을 붙들고 몸을 놓아주지 않았지만 기어이 고구마순을 다 심는다.

내년 봄까지 이 고구마순이 내게 쏠쏠한 재미를 줄 것이다.

2

난자리

꿀비

창문을 두드리는 소리에 눈을 떴다. 꿀비였다. 주섬주섬 옷가지를 걸치고 서둘러 재래시장에 갔다.

제법 이른 시간인데도 시장은 이미 파장 분위기였다. 고구마순 있느냐는 말에 비가 오는 날에는 찾는 손님이 많다며 너무 늦었다고 했다. 그래도 그냥 돌아올 수는 없었다.

운 좋게도 시장 깊숙한 곳에서 고구마순과 몇 가지 종묘를 살 수 있었다.

심기 전에 물에 적셔놓을 생각으로 화장실에서 막 순을 집어 드는데 물끄러미 보고 있던 노인이 웃으며 말했다.

"고구마순이네요."

"예, 오후에 심을 건데 물 주려고요."

"아닌디, 거 고구마는 선인장처럼 꽂아 놓으면 뿌리가 나요. 심기 전에 하루 정도 그늘에 놓았다가 심으면 땅에서 물을 쭉 빨아들이지요."

"그래요?"

멋쩍게 웃으며 봉지에 다시 담아 사무실로 왔다. 일하는 중에도 자꾸만 검은 봉지에 눈이 갔다. 오는 사람마다 궁금해했다.

"예, 이 주 전에 고구마를 심었는데 엊그제 가보니 몇 개만 살고 다 타 죽었어요. 어찌나 허탈한지. 농부의 마음을 알 것 같더라고요. 다시 심으려고요."

"밭이 어디요?"

"여산요."

"왜 그리 먼 곳에?"

"실은 여산에 납골묘지가 있거든요. 한쪽에 빙 둘러 매실, 감나무 등을 심었는데, 가운데 빈 곳이 있어 땅을 일궜어요. 그래야 산소에 한 번이라도 더 가보지요."

몸은 책상 앞에 있지만, 마음은 고구마밭에 가 있었다.

일과는 이미 뒤엉켜버렸다. 신문을 펼쳤지만, 눈은 창밖을 보고 있었다. 창문에 흐르는 빗줄기가 밭고랑의 작은 물줄기 같았다. 빗소리가 밭에서 나는 환호성으로 들리는가 싶더니 나중에는 노랫소리로 들렸다. 빗소리가 이리 아름답게 들린 적이 있었던가.

정오가 가까워지자 하늘이 개기 시작했다. 해갈에는 턱없이 부족한 비다. 초조함에 속이 바싹바싹 타들어가 비 온 뒤의 맑고 윤기 있는 세상을 느낄 여유조차 없었다.

일과가 끝나기도 전에 밭으로 달려갔다. 고구마순을 다 심고 나자, 물만 주면 산다는 말이 떠올라 아랫마을 민가까지 가서 물을 길어다 흥건히 주었다.

다음날도 또 다음날도 일 마치기가 무섭게 고구마밭으로 달려갔다.

일을 마치고 서둘러 달려가지만 도착하면 이미 저녁도 지나 밤중이었다. 내 정성을 아는지 달님도 폭삭 주저앉아 목숨만 겨우 유지하는 고구마순을 돌봐주고 있었다. 매번 민가에 들어가 살쾡이처럼 살금살금 수도에 다가가 꼭지를 틀었다. 쏴아! 물 받는 소리가 잠든 마당을 깨우지만 주인은 아는지 모르는지 기척이 없었다.

"농작물은 발걸음 소리를 먹고 산다우."

며칠 전 주인 양반의 속말이 울릴 뿐이었다.

긴 밤

모두가 기진맥진이다. 쉼 없이 열리고 닫히는 자동문을 비집고 들어온 한겨울 추위의 문바람에 맞서 쉬지 않고 열기를 뿜어내는 덩치 큰 온풍기, 지친 기색이 역력한데도 온화한 표정 잃지 않고 밤새 뛰어다니는 흰 가운과 간호사복, 긴장된 얼굴로 어찌할 줄 모르는 보호자, 연신 거친 숨을 몰아쉬는 침대에 누워 있는 사람, 모두가 지친 소리를 토해내며 이곳에서 벗어나기를 바랄 뿐이다. 시간이 어서 가기만을 바라고 있다. 그러나 오직 한 부류, 검은 두루마기에 검은 갓을 쓴 사람 몇만이 핏기 없는 얼굴로 팔짱을 낀 채 침대마다 어슬렁거린다. 그들 주변엔 냉기가 흐르고 무거운 기운이 감돈다.

어머니는 이 난장판을 알기나 한 것인지 아주 가끔 눈을 뜨려고 애쓰다가 이내 주무시기만 한다. 이곳에 온 지 한참 만에야 어머니의 혈액검사 결과가 나왔다. 흰 가운이 나를 급히 부르더니 일상인 듯 이내 차분한 어조로 차트를 내보이며 설명한다. 백혈구 수치가 정상인의 십 분의 일밖에 되지 않아 위독한 상태란다. 설명이 끝나기 무섭게 흰 가운과 간호사복이 어머니께 달려간다. 간호사복은 축 처진 어머니의 팔을 들어 보더니 혈관이 다 숨어 버렸다며 수차례 때린 후 용케 큰 주삿바늘을 꽂고 포도당, 영양제 등을 주렁주렁 매달아 놓고 간다.

흰 가운이 이내 나를 다시 부른다. 어머니는 급히 수혈해야 한단다. 이내 간호사복은 혈액을 투여하기 시작한다. 어머니는 여전히 미동 없이 주무시기만 한다. 나는 연신 어머니의 다리며 어깨를 주무르고 머리를 지압하며 끊임없이 기도한다. 괜찮을 거야 이겨내실 거야. 얼마나 의지가 강하고 삶에 애착이 강한 분인데. 아직은 이승의 시간이 필요하신 분인데. 내가 할 수 있는 것이 안마와 기도 외엔 달리 할 게 없다.

내 간절한 바람이 통했을까. 밤이 깊어갈수록 어머니의 안색이 붉어지고 몸의 온기가 느껴진다. 침대 머리맡에서 수시로 깜박거리며 내 애간장을 녹이던 측정기도 좀 진정된 듯하다.

눈이 생각을 지배하고 머리가 마음을 지배한다고 했던가. 측정기의 수치는 내내 내 곁에서 배회하던 방정맞은 생각을 부지불식간 지워버렸다. 좀 마음이 놓인다. 이제 시간만 지나면, 아니 여명이 밝아오면 어머니는 위기를 넘기고 병실로 올라갈 거라는 생각이

든다.

나는 연신 시계를 쳐다보지만 갑자기 시간이 느려진다.

머리는 무겁고 온몸이 시리다. 한동안 들리지 않던 환자의 신음, 간호사의 환자 부르는 소리, 가끔 들리는 보호자를 찾는 방송소리가 쟁쟁거린다. 그 소리가 지금쯤은 익숙해질 만도 한데 이제는 뇌에까지 파고든다. 몇 시간을 서서 허둥댄 터라 아무 데나 앉고 싶지만 그것도 여의치가 않다. 불어나는 침대 수를 미처 따라오지 못했는지 보호자용 의자가 턱없이 부족하다. 나는 아픈 허리로 헤매길 몇 번 만에 운 좋게 의자를 구했다. 딱딱한 철제의자에 몸을 기대고 눈을 감아보려 했으나 제대로 목을 기댈 수가 없다. 침대 난간에 엎드렸으나 텅 빈 머리도 무거웠는지 머리를 괸 손이 저려 이내 포기한다.

야속한 밤이 떠날 줄을 모른다. 좁지 않은 응급실은 이내 침대로 채워졌다가 순간 썰물처럼 치워지길 몇 번. 해거름에 이곳에 왔는데 이제 터줏대감인 양 주위를 훑어볼 여유가 생겼다. 운전 중 잠깐 졸았을 뿐인데 깨어나 보니 다리가 부러진 채 이곳에 있다는 사람, 몇 시간째 복통을 견딜 수 없어 왔다는 사람, 밤새 울음을 그치지 않는 아이와 견딜 수 없는 죄책감과 안쓰러움에 연신 눈물을 닦고 있는 아이 엄마. 희미한 생명줄을 붙잡으려는 사람, 단단한 생명줄마저 놓아버린 사람, 사망진단에 병실이 떠나가라 울부짖는 가족들, 이미 체념한 듯 어머니의 죽음을 묵묵히 받아들이는 중년의 아들.

김만년순 여사도 천년쇠님도 피해갈 수 없는 생사의 갈림길. 곱게 갠 흰 천을 펼쳐 망자를 덮고 묶은 후 일상인 듯 핸드폰 통화를 하며 유유히 사라지는 사람. 저것이 바로 죽음인데. 산다는 것은 무엇이며 살아 있다는 것은 대체 무엇이란 말인가.

어머니가 살아계시는 것만으로도 행복으로 알아야 한다, 살아계실 때 진심된 효를 다해라, 돌아가시면 효도하려 해도 할 수가 없다는 선배의 말이 스친다. 오만가지 생각에 머리가 아프다. 머리를 스치고 사라진 방정맞은 생각이 슬그머니 마음 한구석에 파고들기도 한다.

나름 효도한다고 하는데 진정 효도란 무엇이며, 행여 나 자신을 위한 효도를 하고 있지는 않은건지. 어머니를 지켜보노라니 이런 저런 생각에 두 눈에 고인 눈물을 감출 수 없다.

다행히도

지난해 대지에 새 생명에 움트려 할 때쯤이었다.

늦은 저녁, 집에 들어서는데 여느 때와는 분위기가 달랐다. 아버지께서 어머니 팔을 주무르고 있었다. 어머니께서는 오후에 손이 아리고 힘이 없어 한의원에 갔더니 병원에 가보라고 했단다.

어머니를 모시고 다음날 아침 대학병원에 갔다. 모셔다 드리고 떨어지지 않는 발걸음을 옮겨 일터로 갔다.

반나절이 못 되어 정확한 진단을 위해 입원해야 한다는 전화가 왔다.

입원 후 며칠이 지날 때였다. 의료진은 경동맥 협착 초기 증상이지만 재발하면 좋은 결과를 기대할 수 없으니 예방 차원에서 수술해야 한다고 했다. 나와 가족은 어머니의 연세와 여러 지병 때문에 수술 후유증이 걱정되었다. 꼭 수술을 해야 하는지, 위험성은 없는지 의료 계통에 있는 지인들을 찾아다니고 백방으로 알아보았다. 몇 번의 마라톤 가족회의 끝에 수술은 피하고 한방으로 치료하기로 하고 어머니를 안심시켜 드린 후 병원에 퇴원하겠다고 했다.

그러나 다음날이었다. 담당 교수가 아침 회진을 하면서 재발 위험이 크고 재발 시 수술이 어려워진다며 마음이 약할 대로 약해진 어머니께 수술을 권유하고야 말았다. 어머니께서는 한의사인 동생과 상의하라며 전화번호를 알려주었다 한다.

오후 시간, 동생으로부터 급한 전화가 왔다. 동생은 상황을 설명하며 신경성 질환이 있는 어머니께서는 수술과 관계없이 폭탄을 안고 살게 되었다며 어찌하면 좋겠냐는 것이었다. 나는 결정을 잠시 미루고 그 사실을 가족에게 다시 알렸으나 동생과 내가 결정하면 그에 따르겠다고 했다. 나는 다시 지인들에게 조언을 들었다. 상황이 바뀌어서일까.

몇몇 지인들은 안타깝지만 의료진들도 자신이 있고 신중한 판단을 했을 것이니 현대의학을 믿고 수술하는 것도 한 방편이라는 조언을 했다.

병원 의료진의 설명은 해당 수술에 대한 실패 경험이 없고, 수술의 위험성도 재발했을 때의 위험성보다 극히 낮다는 것이었다. 달리 방도가 없었다. 그래 믿자, 믿어보자.

수술 후 어머니께서는 중환자실에서 근 일주간 사경을 헤맸고

일반실로 옮기신 후에도 왼팔 왼 다리의 감각을 찾지 못했다.

하루하루가 살얼음판을 걷는 기분이었다. 나는 돌다리를 두들겨 보고 발을 옮겼는데도 수렁에 빠져 허우적거리느라 온몸에 흙탕물을 뒤집어쓰고 있었다. 이제껏 그랬듯이 물속에 뛰어들어 씻어내거나, 말려 툭툭 털어내려 해도 그리 되지 않았다. 믿음이 정말 깊어지면 기적이라고밖에 말할 수 없는 일이 일어난다고 했는데…. 청천병력 같은 결과였지만 의료진은 회복할 가능성이 아주 높으니 재활치료에 최선을 다하자고만 했다. 수십 번 의료진을 만나고 여러 번 부탁을 했지만 가족들 심정을 이해한다, 미안하다, 최선을 다하고 있다는 말뿐이었다.

회복 가능성은 시간이 갈수록 낮아지더니 이제는 의료진들도 굳어진 것을 인정하는 눈치다. 수술 시 뇌 일부가 녹은 것 같다며 아직 현대의학으로는 복잡한 뇌에 대해서 다 정복하지 못했다고 에둘러 피해가기 바빴다. 어머니께서는 당신 혼자서는 거동은커녕, 생활에 필요한 어떠한 것도 하실 수가 없다. 어찌 이럴 수가. 실패 확률이 극히 낮다더니, 나에겐 100%였다.

하필이면 나에게, 내 가족에게 이런 시련을 주다니. 나는 몇 달 동안 '하필이면'을 입에 달고 살았다. 분통이 터져 아무것도 할 수 없었다.

그러다가 오랜만에 친구를 만났다. 문병을 온 친구는 내 기분에 크게 개의치 않고 한마디 했다.

"나는 고등학교 때 아버지 어머니가 돌아가셨다 인마."

고생하라며 손을 잡아주던 친구는 나에게 꼭 하고 싶은 말이 있다고 했다.

"부모님께서 살아계신다는 것을 큰 복으로 알아라. 그래도 천만다행이고 시간이 약이다."

그날 나는 친구가 원망스러웠다. 자기 부모가 아니라고 말을 쉽게 하는구나. 그러면서도 나는 "천만다행이다. 시간이 약이다."라는 친구의 말을 수없이 곱씹어 보았다. 그날 이후 내 입에서 '다행이다.'라는 말이 가끔 튀어나온다.

언제까지나 애석해하고 고개를 떨구고 있을 줄 알았는데 오랜만에 만난 친구의 말이 내 생각을 바꾸어 놓았다. 그래, 정신을 차려도 살기에 바동대는 험한 세상인데, 어서 내 자리를 찾아야지.

참선 시 자연스레 고개를 떨구고 앞을 보라는 것은 가장 자연스러운 자세를 취하라는 것도 있지만, 현실을 직시하고 낮은 자세를 가지라는 뜻도 있을 것이다. 어머니를 침대에 올리고 내려드릴 때 등을 두드려 드리면 당신도 아무 말씀 없이 내 등을 톡톡 두드리신다. 아마, 사랑한다는 말씀일 것이다. 아직도 사랑을 받을 수 있어서 천만다행이다.

당신의 고구마

내 밭은 열 이랑이 채 못 되지만, 이웃한 백 이랑이 넘는 밭보다 소중하다.

작년 이른 봄, 산소 옆 자투리 밭에 고구마를 심었다. 어머니께서는 사 먹으면 된다며 극구 만류하셨지만, 다른 농작물보다 손이 덜 가니 고구마를 심겠다고 고집했다.

내가 고구마를 심기로 결심한 것은 몇 년 전, 황금색 들판이 하나둘 갈색으로 변해갈 즈음, 문간방에 있는 고구마 상자를 본 때부터였다. 당 때문에 음식을 가리는 어머니께서는 보리, 감자 등 속은 생각만 해도 신물이 난다하였지만 고구마는 즐겨 드셨다.

고구마를 심고 며칠 연거푸 물을 주었으나 지독한 봄가뭄은 애면글면 꽂아놓은 순을 바삭바삭 태워버렸다. 어설픈 농부에게 어찌 그리 큰 시련을 주던지…. 비가 온다는 예보에 부리나케 다시 순을 사다가 꽂았다. 처음 심어본 고구마라 이랑에 꽂아만 놓으면 되는 줄 알았다.

길가 농작물은 주인이 없다던데, 하물며 산기슭이라니.

연하고 달콤한 고구마순은 반나마 고라니 차지가 돼버렸다. 그래도 내 차지가 많았다. 여름에 순을 뜯어다 드릴 때마다 어머니께서는 순이 연하고 맛있다며 밭을 궁금해하셨다.

작년 추석 때였다. 어머니께서는 산소에 도착하자마자 고구마 밑을 파 보았다. 그러나 고구마가 전혀 들지 않았다. 아무리 재벌 심었다 해도 시장에 고구마가 나온 지 오래인데. 불안한 마음을 지울 수가 없었다.

추워진다기에 서둘러 고구마밭으로 갔다. 순을 걷고 호미질을 해보았으나 고구마 꽁지만 잘려 나올 뿐이었다. 무슨 일일까. 급기야 괭이를 동원했다. 깊이 파자 드디어 큼지막한 고구마가 한두 개씩 모습을 드러냈다. 어머니께서는 순을 밑으로 깊게 심어서 그렇다 하셨다. 그런데도 다섯 상자를 캤다. 땅은 정성을 미쁘게 받아주었다.

그러나 어머니께서는 크게 기뻐하지 않으셨다. 이유를 여쭤보니 "추석 때 따 보니 밑이 전혀 안 든 것 같아 고구마를 몇 상자 사 놓았다."는 것이다.

올해는 작년의 쏠쏠한 재미에 격앙되어 밭 가장자리 매실이 꽃망우리를 터트리기 전부터 땅을 뒤집기 시작했다.

인터넷을 뒤져가며 고구마 심는 법을 알았고 심는 막대기도 샀다.

산소를 둘러본 어머니께서는, 갈아엎다가 만 자투리땅을 보고는 양옆하고 밑으로 더 넓혀도 되겠다며 친히 구획까지 정해주셨다. 올해는 같이 고구마를 심고, 풀도 뽑자고 하셨다. 작년에는 아들을 못 믿고 비싼 고구마를 샀다며 올해는 내 고구마만 드시겠다고 했다. 힘이 났다. 다음날도, 그다음 날도, 직장 일을 마치고 달려가 밭을 늘리고 이랑을 만들었다. 늦은 밤 달이 뜨지 않아도 어머니의 빛이 있어 어둡지 않았다.

그러나 어머니께서는 이랑을 다 만들기도 전에 큰 수술을 받아야 했다. 조금도 예상치 못한 변고였다. 침침한 병실에 누워 검은 두루마기를 입고, 갓을 쓴 사람들과 사투를 벌이는 나날을 보내게 된 어머니. 내 주변의 모든 일이 얼어붙었다. 이성과 감성이 뒤엉킨 나날이었다. 불현듯 스치는, 차마 입 밖에 내고 싶지 않은 말을 가슴으로 억누르며 어머니의 회복을 위해 오롯이 나를 던졌다. 오 남매 키우면서 집안 일으키느라 이제껏 신산한 삶을 살아왔기에 이대로 놓아드릴 수 없었다.

어머니께서는 수술 후 달포 정도 되었을 때 조금씩 기력을 찾기 시작했다. 그러던 어느 날이었다.

"비 올 것 같은데 고구마 심었냐?"

"준비는 다 해 놓았어요. 심어야지요."

"응. 황금 고구마가 맛있어."

그날 밤은 유난히 길었다. 창밖이 희붐하게 밝아올 때, 시장 곳곳을 누비며 어렵사리 황금 고구마순을 구해, 순 하나하나에 간절한 소망을 담아 심었다. 행복이 가득 찬 어머니의 모습이 그려졌다.

그 이후 한동안 산소엘 가지 못했다. 아니, 가고 싶지 않았다. 그 밭을 볼 때마다 속이 많이 상했기 때문이다. 밭은 작년보다 반 나마 더 넓어지고 고구마순도 작년보다 무성한데, 정작 당신께서는 병실에 누워계셔 겨우 사진으로만 볼 수 있는 지경에 처했기 때문이었다.

일주일쯤 지나 비알에 심어놓은 호박잎을 쪄서 어머니께 드릴 생각으로 밭에 갔다. 그러나 잠깐 발걸음을 줄였을 뿐인데 고랑의 풀이 고구마순을 옥죄고 있었다. 허리춤까지 닿는 풀은 그늘을 드리우며 우쭐대고 있었다. 반소매에 얇은 신사바지, 구두를 신은 채로 풀을 뽑기 시작했다. 이미 사위가 어두워진 지 오래. 산소가 모여 있는 산기슭이지만 무서움을 느낄 여유가 없었다. 극성스러운 풀모기 떼와 풀에 쓸린 종아리의 쓰라림도 잊은 지 오래였다. 초승달마저 잠든 칠흑 같은 어둠이지만, 감각만으로도 매끈한 고구마순과 까칠한 풀줄기를 구분할 수 있었다. 허리가 펴지지 않는데도 고랑을 한 발 한 발 걸으며 뽑았다. 밤 열 시가 돼서야 다 뽑을 수 있었다.

어서 가을이 농익었으면 한다. 그때쯤이면 어머니께서는 지긋지긋한 병실에서 나와 거실에서 다리 펴고 당신의 고구마를 드실 것이다. 꼭 그럴 것이다. 요즈음에는 밭에 갈 때마다 '몇 년만 일찍 심을걸.' 하는 생각이 불현듯 스친다. 그럴 때면 '아니야, 그래도 앞으로 십 년쯤은 어머니께 고구마를 대접할 수 있어.'라며 성급한 불안을 가볍게 날려버린다. 어머니의 깊은 사랑, 큰 자리를 이제야 실감하게 되다니….

이번 주말엔 밭에 들러 고구마 밑을 들춰볼 생각이다. 때가 좀 이르지만 어머니 드실 고구마는 딸 수 있겠지.

밸런스키

일 년이 허무하게 지났다. 딱 일 년 전 병원 마당 양지녘, 성미 급한 목련이 계절에 쫓기어 꽃잎을 벙긋 터뜨리고 주차장을 빙 둘러선 벚나무 꽃망울이 막 터지려 할 때 처음 찾은 병원.

덧없는 일 년 동안, 어머니는 좁은 침대에서 많은 이웃을 맞이하고 보내셨다. 엄마 품에 안겨 울 힘마저 잃어버린 떡아기, 선천적 뇌 이상으로 신경외과 병동을 세상 전부로 알고 있는 막 초등학교에 입학할 나이의 아이, 교통사고로 뇌 반절이 함몰되어 몇 년째 이 병원 저 병원을 떠돌아다니는 학생, 건설현장에서 추락하여 상반신에 철 구조물을 쓰고 밤새 고래고래 소리 지르는 중년의 아저씨가 있었다. 그리고 어머니의 오랜 친구도 한때 병실 이웃이었다.

병실은 간혹 철모르는 아이들의 음색 높은 홍얼거림이나 재롱소리가 들리기는 하지만 오가는 사람마다 긴장된 표정이다. 누구

하나 목청을 높이거나 미소를 짓지 않는다.

어김없이 새벽부터 고된 노역을 시작하는 작은 냉장고 위 텔레비전조차도 숨을 죽인다.

나는, 아니 우리 가족 모두는 그동안 벚꽃이 허망하게 떨어지기 시작할 때엔 철쭉이 부산을 떨기 전, 보리가 작은 들바람에 흔들거리기 시작할 때엔 누렇게 익어가기 전, 만경평야에 한두 배미 물이 잡히고 모내기에 분주할 때엔 추석이 오기 전, 그리고 추석에는 설날이 오기 전에 어머니께서 쾌차하여 퇴원하기를 빌고 또 빌었다. 틈만 나면 산소에 들러 어머니께서 병환을 떨쳐내시게 도와달라고 조상님들께 정성으로 비손하였다.

그러나 어머니는 당신의 몸은 물론 마음까지도 쇠약해질 대로 쇠약해져 이 병동 저 병동, 이 병실 저 병실을 옮겨 다니며 힘든 삶을 이어가고 계신다. 당신의 곱던 피부는 탄력을 잃고 맑던 음색은 흐리고 힘이 없다. 청소하기 벅차다던 당신의 넓은 거처에서 나와 한 평 남짓 침대에 발이 묶여 오매불망 그리던 집에 언제 가느냐고 가끔 말씀하시지만 이러지도 저러지도 못할 상황에 말문을 닫아버린다.

일 년이 막 지난 오늘, 좁은 병실 창을 타고 들어온 햇살이 따사롭다. 가벼워진 대기만큼이나 병문안 온 사람들의 옷차림도 한결 가볍다. 병동 바깥에선 끓는 피를 주체 못 하는 반소매의 젊은

이들이 하나둘 보인다. 이리 좋은 날, 병동에만 머물러 있으려니 괜스레 화가 치민다. 어머니께 내의를 입히고 모자를 씌워드린 후 조심스레 병동 바깥으로 나선다. 겨우내 병동에서만 왔다 갔다 산책을 했던 어머니는 실로 몇 개월 만에 병동 바깥으로 나오셨다.

병동 양지바른 곳에선 목련이 속절없이 벙긋하고 잔디밭 군데군데엔 점점이 노란 민들레가 계절을 더한다. 에둘러 선 벚나무마다 꽃망울이 봉긋하다. 아직 바깥 공기가 싸늘한 것 같아 몇 번이나 어머니께 춥지 않느냐고 여쭈었으나 햇살이 아주 좋고 꽃이 예쁘다며 얼굴에 꽃을 피운다. 군데군데 연녹색으로 물들기 시작한 잔디를 보시던 어머니께서 고개를 돌려 나를 본다.

"우리 큰아들 환한 봄옷 한 벌 사주고 싶은데…."

때 아닌 칙칙한 겨울옷을 입고 있는 내가 마음에 걸리나 보다.

"예, 어서 나아 시내에 가서 사줘요."

햇볕이 잘 드는 둔덕 밑에 연하게 자리 잡기 시작한 쑥을 본 어머니께서는 이럴 때 쑥국 끓이면 아버지가 좋아하시는데 다리를 굽힐 수 없어 못 하시겠단다. 이게 바로 아내의 마음이고 집안의 어머니 마음인데…. 평소 아버지의 급한 성미와 큰 목소리에 묻혀 보이지 않았던 당신의 자리가 얼마나 컸던지, 당신의 사랑이 얼마나 위대한지…. 어머니의 자리는 대양을 항해하는 선박의 '밸런스키'인데…. 어느 사이 내 눈가가 촉촉해진다.

어머니께서 검은 두루마기를 입고 갓을 쓴 저승사자와 사투를 벌이는 기간이 길어지자 나는 마음을 다잡고 안정을 찾아가고 있다. 궤도를 크게 벗어났던 내 생활도 차츰 정상 궤도를 찾아가고 있다. 저녁이나 주말에는 으레 병원에 있었으나 가끔은 술자리나 취미생활도 한다.

내가 건강해야 어머니를 잘 모시고 내 사업이 제대로 되어야 부모님들이 편안하실 거라는 논리를 편다. 어머니의 소소한 변화에 온 신경을 곤두세우고 하루를 망쳐버렸으나 이제는 일에 집중하려 애쓴다. 불과 일 년여가 지났을 뿐인데….

내 사정을 아는 이들이 아무 말 없이 내 등을 톡톡 두드려주면 좋으련만 매번 같은 말을 되풀이한다.

"긴 병에 효자 없다. 고생한다."

그럴 때마다 나도 같은 말을 되풀이한다.

"어머니잖아요. 그래도 살아계시니 행복하네요."

빈자리

어머니께서 병환으로 입원하고 처음 맞는 추석. 동생네는 전과 과일을 우리는 떡, 생선, 나물 등을 준비하기로 했다. 명절 하루 전날이었다.

나는 아버지께 조기는 큰 것으로 샀다며 자랑을 했다. 그러나 아버지께서는 실망한 듯 왜 다섯 마리냐며 한 마리를 더 사오라 하셨다.

"아버지, 그냥 지내면 안 돼요?"

"알았다, 내가 사오마. 조상님들께서 조기 한 마리씩은 잡숴야지…."

과일이든 생선이든 제사상은 홀수만 올린다는 생각에 샀건만, 당황스러웠다. 달리 방도가 없었다.

집 앞 대형할인점에 갔다. 그곳에서는 낱으로는 팔지 않았다. 골목 상가는 어느덧 하나둘 불빛이 거둬지고 찬바람이 굵어진 시간, 다급해졌다. 평소 생선 좌판이 종종 펼쳐져 있던 도로 건너편으로 달려가 보았다. 그곳의 좌판 상과 가격을 흥정하는 사람들의 왁자한 소리는 씽씽 달리는 자동차 소리로 채워진 지 오래인 듯했다. 불빛을 찾아 정신없이 줄달음질을 치다 고개를 들어보니 명절을 맞아 재개점한 듯한 중형 상점이 눈에 들어왔다. 밝은 형광등 아래 놓인 어상자에는 고만고만한 조기 몇 마리가 가지런히 누워 있었다. 아직 주인을 못 만난 것인지 나를 기다린 것인지. 고마움에 떨이를 했다.

가족 모두가 덤불로나마 그렁저렁 메운 당신의 빈자리. 추석 아침 집에 오신 어머니는 이제 안심해도 되겠다며 고요한 웃음을 지으셨다.

당신의 빈자리는 그 후 채 한 달이 되지 않아 또다시 크게 드러나고야 말았다. 제삿날이었다. 식구들끼리 떡을 해볼 생각이었으나 마음뿐, 전통시장 떡 골목을 찾아갔다. 시장 중앙 사거리에 떡집이 한둘 보였지만, 고작 몇 팩(Pack)만이 진열되어 있었다. 제사 지내려는데 더 없냐고 하자 주인은 "우리도 이 떡으로 지내요. 얼마나 큰 제산데? 충분해요."라며 떡을 내밀었다.

내가 적다는 내색을 하자 주인은 퉁명스럽게 건너편 떡 골목으로 가보란다. 둘이 비껴가기에도 좁은 골목에 들어서자 떡집이 오밀조밀 줄이어 있다. 그러나 앙증맞게 낱개 포장된 떡만 있었다. 깊은 숨을 쉴 때였다. 골목 끝에서 '탁'하고 시루 엎는 소리가 났다. 골목엔 나 혼자만이 있었지만 바빠진 걸음을 막을 수 없었다. 막 엎은 시루떡에서는 하얀 김이 몸을 배배 꼬며 피어오르고 있었다. 떡집 주인은 생글거리는 나를 보더니만 떡은 정성이 반이라며 한쪽을 떼어주었다. 네모반듯하게 잘라 의기양양하게 집에 왔다.

아버지께서는 웬 떡을 이리 많이 사왔냐 하면서도 역시 장남이구나 하는 믿음까지는 감추지 않으셨다. 그러나 보자기를 펴 보더니만 금세 얼굴이 굳어지셨다.

"어허, 어서 다시 사와야 쓰것다."

나는 도무지 이유를 알 수 없었다. 그때 옆에 있던 아내가 귀엣말을 했다.

"잘못 사 왔어요."

"막 쪄낸 떡을 시루째 사 왔는데?"

아버지께서는 "조상님들 다 쫓고서 무슨 제사 지내냐."며 한심해 하셨다.

'아니, 조상님들을 쫓다니. 멀리 재래시장 떡 골목까지 가서 한 시루를 사 왔건만 무슨 말씀이야.' 그 순간, 팥죽이 집들이할 때 잡신을 쫓는다던데 혹 팥떡도? 기어들어가는 소리로 아내에게 어머니께서 만드셨던 떡이 뭐냐고 묻자 검은깨 떡과 시금자떡이란다. 나는 한겨울 물벼락을 맞은 듯 그대로 얼어붙어 버렸다.

마음이 급해졌다. 떡 골목은 이미 파장 분위기였는데 이 시간에 어딜 가야 살 수 있을지.

멀지 않은 아파트 입구 시장에 가면 있으려나. 신호등이고 뭐고 비상등을 켜고 달렸다. 다행히 시장 들머리 떡집이 불을 켜고 있었다. 그러나 내가 사려던 떡은 없었다.

"여기 떡집이 또 있나요?"

"위로 올라가 봐요. 우리 집까지 네 집이 있어요. 근디 이 시간에 살 수 있으려나."

인사할 겨를도 없이 다른 집으로 달렸다. 다행히도 내가 찾던 떡 한 팩과 무지개떡 두 팩이 있었다. 무지개떡도 제사상에 올린다는 말에 일단 챙기고서 넋두리를 했다.

"어머니가 병원에 계셔서 어쩔 수 없이 떡을 샀는데, 팥떡 샀다고 아버지한테 되게 혼났네요. 이 나이에."

"사실 어른들이 계시면…. 미안해요. 이것밖에 없어서. 끝 집으로 가 보세요. 늦게까지 떡이 있더라고요."

끝 집에는 아직도 떡이 많았다. 원풀이라도 하듯 제사상에 올려도 된다는 떡을 떨이했다

아파트 주차장에 도착해서야 제정신이 들었다. 집안의 장손이랍시고 이제껏 가장 가까이에서 제사를 모셨지만, 떡에는 크게

맘을 두지 않았던 것 같다. 제사상이라 하면 조율이시 홍동백서 어동육서라는 것만 앵무새처럼 외웠다. 떡은 그저 어머니께서 시루에 찐 떡으로만 기억하고 있었으니….

큰 그늘이 불현듯 사라지면, 땡볕에서 서서히 고사하지나 않을지 걱정이 앞선다.

어머니의 오다리

늦은 저녁을 준비하는 어머니의 뒷모습에서 눈을 뗄 수가 없다. 발을 움직일 때마다 다리를 저는 모습이 가슴을 짓누른다. 어머니가 서둘러 차린 식탁에 마주 앉았지만 밥이 쉬 넘어가지 않아 밥을 뜨다 말고 어머니를 본다. 몇 년 전까지만 해도 백옥 같은 살결에 주름 하나 없었는데 눈가에 주름이 가득하다. 광대뼈도 전에 없이 불룩하다.

어머니는 젓가락으로 깨작거리는 나에게 무슨 일이 있느냐며 걱정스러운 눈빛을 보낸다. 나는 아무 일 없다며 웃어 보인다. 그러나 어머니의 주름진 얼굴과 불편한 다리가 가슴에 걸려 체증기처럼 답답하다.

어머니의 다리뿐만 아니라 얼굴은 당신의 인생 역정을 숨김없이 말해주고 있다. 수년 전부터 당뇨와 관절염에 힘겨워하시더니 걸을 때면 오다리가 되었다. 발을 내디딜 때마다 뼈마디 부딪치는 통증을 말없이 참아내지만 걸음까지는 숨길 수 없는 모양이다.

내가 초등학교에 들어갈 즈음이었다. 어머니는 깊은 계곡을 따라 띄엄띄엄 있는 이 마을 저 마을을 돌아다니며 옷 보따리장사를 하셨다. 밤늦게 집에 들어오시는 날이 많았고, 우리 남매들은 고픈 배를 참아가며 기다려야 했다.

늦은 저녁 대문 밖에서 어머니의 목소리가 들려 나가 보면 한 손에는 큼직한 보따리를 다른 한 손으로는 머리에 인 집채만 한 보따리를 잡고 있었다. "아이고 너그들 배고프지야."하며 마루에 보따리를 내던지다시피 내려놓고 숨 돌릴 겨를도 없이 부엌으로 들어가셨다.

어머니는 옷 보따리를 혼자는 도저히 일 수가 없어 사람을 만나야 잠시 쉴 수가 있었단다. 산 고개에서 어디 사람인들 쉽게 만날 수 있었겠는가. 동네를 잇는 고갯마루를 고개가 쑥 들어갈 것같이 무거운 옷 보따리를 이고서 우리 남매 어여 밥 챙겨줘야 한다는 생각으로 줄달음치기 일쑤였단다.

그리 억세게 한 푼 두 푼 모아 한 뼘 두 뼘 농토를 장만했다. 워낙 산골이라서 뙈기 논밭이긴 했지만 제법 많은 농토를 일굴 수 있었다. 농사만으로 우리 오 남매를 먹이고 공부시킬 수 있다고 생각될 때에야 보따리장사를 그만두었다.

하지만 보따리장사 못지않게 힘든 것이 농사 아니던가.

논농사야 모내기가 끝나면 중간 중간 잡초 뽑고 물꼬 관리하다 보면 어느덧 벼 베고 타작하게 되지만, 주로 여자들 몫인 밭농사는 그렇지 않다. 봄부터 가을까지 금싸라기 같은 비알밭을 조금이라도 놀릴 수가 없었다. 이른 아침부터 해거름까지 어기적어기적 기어 다니며 호미질 한 번이라도 더 하려고 안간힘을 쓰곤 했다. 시골 양반집 규수로 곱게만 자란 어머니는 밭일이 영 서툴렀다. 그래서 다른 사람들보다 곱절—다리에 쥐가 나고, 종아리가 퉁퉁 부어오를 정도로— 밭일을 했다.

어머니가 요즈음 자주 뇌는 말이 있다.

"얼마 전까지만 해도 산에 자주 다녔는데…."

"수영장에도 자주 다녔는데 …."

"관절염하고 당뇨. 이거 천하에 몹쓸 것이다."

어머니는 오로지 그놈의 병만 탓한다.

어머니로부터 전화가 왔다. "사업 바쁘지야? 그래, 불경기라는데 천만다행이다." 어머니의 목소리는 얇게 떨리고 있었다. 굳이 표현은 하지 않지만 보고 싶은데 언제 오느냐는 말씀이었다. '내일 갈게요.'란 말 한마디에 어머니 목소리가 금세 밝아진다.

아이들을 키워보면 부모 마음 안다고 하지만, 어찌 자식이 부모의 마음을 다 헤아릴 수 있을까….

지휘자

관객 모두 그가 나타나기만 기다리고 있다. 무대 위 연주자들도 저마다 삑삑 삐이익 음을 맞춘 후 곧게 허리를 펴고 그를 맞이할 준비를 한다. 이윽고 객석이 어두워지고 무대 옆에 한 줄기 조명이 비친다. 그러자 기다렸다는 듯이 연미복을 입은 작달막한 여성이 당차게 걸어 나온다. 그는 단발머리를 흔들며 환한 미소를 짓고 있다. 지휘봉을 든 오른손을 허공에 가볍게 돌리다가 내리고는 왼손을 흔들며 인사를 대신한다. 연주자들이 모두 일어나 그를 맞이하고 동시에 객석에서는 박수가 터져 나온다. 나는 객석 앞줄에서 팔짱을 끼고 찬찬히 그 모습을 보고 있다.

그가 지휘석에 올라 연주자들을 쭉 한번 둘러본 후 지휘봉을 들고 왼손 바닥을 위로 올리자 연주자들은 저마다 활을 들어 현에 대거나 악기를 입에 대고 지휘자를 본다. 이윽고 그의 지휘봉이 내려오자 연주자들은 일제히 연주를 시작한다.

공연장 분위기는 아직은 차분하다. 그는 흘깃 관객을 둘러본 후, 서서히 관객의 마음속 응어리를 풀어 하나로 몰아가려는 듯 「방아타령」을 지휘한다.

음은 마음속에 좌정하다가 휘몰아치는 듯싶더니 다시 잔잔하게 온몸에 파고들어 관객을 들썩이게 한다. 나는 온몸을 짜릿하게 휘감으며 울려 퍼지는 음에 자연스레 팔짱을 푼다. 눈은 어느새 지휘자의 왼손과 오른손의 지휘봉과 몸동작을 따라다니고 있다.

그는 왼손으로 악보를 넘기고 손가락으로 다음 연주자의 연주 시작을 알려준다. 연주자 하나하나를 놓치지 않고 연주를 한 방향으로 몰아간다. 연주자는 그들의 몸짓과 표정 하나하나도 놓치지 않는다. 그는 어느 연주자의 음이 높은 것 같으면 다독여 주고 낮은 것 같으면 소리를 키우는 몸짓을 한다. 음악이 휘몰아치면 몸을 흔들며 흥을 돋우고 느린 장단에는 음에 지휘봉을 내맡기기도 한다.

그는 원래 오케스트라 지휘자인데 국악단에서 초빙한 객원 지휘자란다. 그에겐 분명 서양음악이 더 익숙하겠지만 연주회 내내 그의 지휘하는 모습은 분명 우리의 흥과 신명이 몸에 밴 것 같다.

연주가 이어질수록 지휘자는 어머니의 자리 같다는 생각이 머릿속에서 떠나지 않는다. 비록 직접 악기를 연주하지는 않고, 독주자나 초빙가수처럼 도드라지지도 않지만 무리 없이 항해할 수 있도록 균형과 방향을 잡아주는 조타수 같은 어머니 자리.

귀로 듣는 음에 연주자의 빠른 손놀림과 터질 듯 부불어 오른 볼 그리고 지휘자의 몸짓 하나하나. 그것은 분명 들을거리에 볼거리를 더하고 있다. 프로그램 하나하나 진행될 때마다 지휘자는 관객과 연주단의 기분을 대신한다. 그는 보일 듯 말 듯한 미소와 환한 웃음으로 연주자를 향해 아낌없는 박수갈채를 보내고 관객의 호응에 부드럽게 박수를 보내기도 한다. 어느 누가 지휘자의 작달막하고 갸름한 모습만으로 리더십을 논할 수 있으랴.

지방에 온 후 나는 한동안 연주회에 다니지 못했다. 지방이라 볼만한 공연이 뜸하다는 것은 핑곗거리였고 사실은 괜스레 마음만 바빠서였다. 공연에 대한 갈증에 목말랐던 차에 광고판에 붙은 공연 소식을 보고 한 시간을 줄서 대기한 끝에 현장 예매를 했다. 참으로 듣고 싶었던 음악.

그러나 연주회를 본 후 프로그램에 있는 음악보다 지휘자의 몸짓, 미소, 연주단과 관객을 하나로 몰아가는 카리스마가 한동안 머릿속을 떠나지 않았다. 국립국악원 창작악단원이라면 지휘자가 없다고 연주회를 할 수 없으랴마는 저마다의 개성대로 불어대고 뜯고 두드린다면 어디 음악이라 할 수 있겠는가. 그것은 단지 소음에 지나지 않는다. 설령 그렁저렁 연주를 마칠 수 있다 할지라도 조화로운 음악에는 다가가기 어려울 것이다.

지휘자에게서 눈길을 떼지 않았던 나는 내 몸짓을 보고는 설핏 웃음이 났다. 누가 보든 말든 나는 지휘자의 몸동작을 따라 하며 음을 타고 놀고 있었다. 지휘자의 왼손이 연주자를 가리키면 나는 내 앞 허공을 가리켰다. 내 안에 잠재된 '나도 이젠 새로운 지휘자가 되어야 한다.'라는 생각을 깨우고 있는 듯했다.

이제껏 어머니의 그늘에서 살아오다가 그분이 연로하고 병약해진 지금 내 안의 연주단이 조화로운 소리를 내지 못할까 봐 지레 걱정이 되어서인지 마음이 영 편치 않다.

내 인생의 지휘자는 내가 살아 있는 동안, 아니 내 아이들이, 또 그들의 아이들이 살아 있는 동안에는 가슴과 머리에 남아 있겠지만, 럭비공 같은 삶에서 내 머릿속의 음을 누르고 돋우는 마음속의 작은 지휘자를 잘 다스려야 할 텐데 걱정이 앞선다.

벌초

몇 해 전, 한가위 머리에 아버지로부터 전화가 왔다.

“예초기 사 놓았으니 올해부터 벌초는 니가 해라.”

다음날 갓밝이에 아버지 어머니를 모시고 산소에 갔다. 높아진 하늘에선 늦가을 무거운 햇살이 쏟아지고 있었다.

아버지는 예초기 날을 끼우셨다.

처음 매본 예초기, 돌덩이처럼 무거웠다. 등성이를 돌고 온 예초기 소리에 귀가 먹먹했고, 진동에 몸이 부르르 떨렸다.

‘원래 이런가 보다. 온종일 예초기를 매고 풀을 베는 사람들, 대단하네!’

진동, 처음에는 힘으로 버텨낼 수가 있었지만 머지않아 온몸이 마비되는 것 같았다. 반 평 남짓 풀을 베면 ‘우윙’하고 고속으로 돌며 진동이 심해졌다. 도저히 손잡이를 잡고 있을 수 없었다.

“아버지, 왜 이리 진동이 심해요?”

"외제 최고급으로 샀는데…."

나는 이 나이 먹을 때까지 벌초 한번 제대로 안 했다는 자괴감에 더는 군말을 할 수가 없었다.

'그래, 남들 다하는 요거, 나라고 못 할쏘냐! 피할 수 없으면 즐기라.' 그렁저렁 요령이 생겼다. 한 손으로는 손잡이를, 다른 손으로는 스위치를 잡고 '우위윙' 소리와 함께 끄고 켜기를 반복했다. 흙을 파기 일쑤였고 날은 튀어 올라 내 다리를 벨 것만 같았다. 겁이 나기도 했다. '이래서 예초기 사고가 잦구나?' 머릿속이 하얘졌다.

점심때까지도 끝이 보이지 않았다. 반나마 했을 뿐이었다.

오후에는 탄력이 붙었지만, 해거름에야 애면글면 마칠 수가 있었다. 돌아보니 쥐가 뜯어 먹은 것 같았고, 군데군데 두더지길 투성이였다.

돌아오는 길은 멀고 머리는 무겁기만 했다. 다른 사람들은 늦게 와서 잠시 하고 가버리던데. 나는 왜 그랬을까. 농기구 수리점으로 길을 돌렸다. 아저씨는 허탈한 웃음만 지었다. 나를 힐끗 쳐다보더니 천만다행이라며 천운을 타고난 것 같단다. 날을 잘못 끼웠다며 제자리를 잡아 주었다.

대처나 약간의 떨림은 있지만 부드럽게 돌아갔다. 옆에 계시던 어머니는 "그리 떠는데 이상한 생각 안 들더냐?"라며 가벼운 핀잔을 주었다.

다음 해에도 예초기 그 녀석은 고집불통이었다. '일 년 만의 외출에 들뜰 만도 한데. 하긴, 꼬박 일 년 동안 창고 잠을 재웠으니 잠에 취해 있을 만도 하지만.' 팔이 먹먹할 때까지 줄을 당겨보았지만, 도무지 깨어나질 않았다. 휘발유를 넣고, 윤활유를 보충했는데…. 문득, 작년 일이 생각나 면내 수리점에 갔다.

아저씨는 몇 차례 시동을 걸어본 후 엔진오일을 확인하였다. 전용 오일을 넣지 않았다며 교체하고는 다시 시동을 걸었다. 하지만 그 녀석은 세찬 콧바람만 일으킬 뿐이었다.

아저씨는 고개를 갸우뚱거리며 휘발유 통을 열어보았다.

"휘발유는 넣었어요?"

"그럼요. 조금 전에 산소에서 넣었는데요. 오다가 주유소에서 산 것인데요."

"그런데 왜 휘발유 냄새가 안 나지요?"

옆에서 지켜보던 아버지는 "작년에 쓰고 남은 휘발유를 먼저 넣었는데."라며 겸연쩍은 웃음을 지었다.

아저씨는 "휘발유 냄새가 아니라 물 냄새가 나요. 휘발성이 다 증발해 버렸어요."라며 휘발유를 바꾸자 풋잠 자는 아이처럼 살짝만 깨워도 벌떡 일어났다.

이리 순한 녀석인데. 구름 뒤에 살짝 숨어 있던 가을 햇살이 웃음을 참지 못하고 킥킥거렸다. 건들바람은 과실나무 밭 강아지풀을 간질이더니만 허리를 펴는 틈을 타 이마의 땀을 서둘러 거둬들였다. 사부작사부작했을 뿐인데 한나절 만에 묘원이 깔끔해졌다. 동자승 머리 같았다.

아버지는 스스로 대견해하는 나를 보더니 "난, 맘뿐이지 힘들어 못 하겠다 이제."라며 말끝을 흐리셨다. 나의 큰 그늘이었던 아버지는 이젠 낙엽을 떨구고 큰 가지 몇 개만 앙상하게 남아 있는 것 같았다.

요즘 아버지를 뵐 때마다 세월의 무게를 느낀다. 내가 객지에 있을 때는 항상 그 자리, 아버지의 자리에 계시는 줄만 알았다. 언제나 크고 높았다. 그러나 가까이서 뵈니 하루가 다르게 쇠약해지는 모습이다. 크고 멀게만 느껴지던 아버지가 애잔하게 한 발 다가와 계신다.

내장산 단풍놀이

단풍철이 되니 온 나라가 시끌벅적하다. 세상이 온통 빨갛고 노랗게 물들자 사람들의 마음도 울긋불긋단풍이 들어 붕 떠 있다.

어머니께서는 가까운 데라도 다녀오고 싶다고 하였다.

조심스레 말씀하시지만 간절한 것 같았다. 다리가 아파서 이제 버스 타고 다닐 수도 없고, 더 나이 들면 자가용도 탈 수 없을 거라고 하셨다. 그런 어머니의 마음을 잘 알기에 단풍 구경하러 가자고 말씀드렸다.

막상 집은 나섰는데 어디에 가나 사람 구경일 것이라는 선입관이 짓눌렀다. '그래, 어디에 가나 마찬가지일 거야. 그렇다면 가까운 내장산에 가보자.'

내장산 입구에서 지체되긴 하였으나 별 어려움 없이 주차장에 도착했다. 행락철에 어디에 간들 이만큼 막히지 않으랴. 주차장은 이미 빈자리를 찾기 어려웠고 입구는 넘실거리는 사람들로 바다를 이루었지만 "이런 데 오면 사람 구경이나 먹거리 구경도 볼 만헌 거여." 어머니 말씀에 형형색색의 사람들이 내장산을 더 물들게 했다.

근 사반세기 만에 찾은 내장산. 머리가 빠져 이마는 넓어질 대로 넓어지고 굵은 주름 선명해서 다시 찾았건만, 내장산 단풍은 오랫동안 그리던 임을 만난 아낙처럼 얼굴이 붉어졌다가 샛노래지는 것이 옛 모습 그대로이다.

단풍나무 둥치는 그대로인 듯하고 수묵으로 빙 둘러친 병풍 밑에 청순하게 수채 된 모습이 한결 조화롭다. 다른 산의 단풍은 우둘투둘한 얼굴에 덕지덕지 분칠하고 붉은 연지를 거칠게 한 여장남자 같지만, 내장산은 곱게 나이 든 중년 여인의 한 듯 안 한 듯 분칠을 하고 입술에 단아하게 마무리 화장을 한 것 같다. 대학 때 찾았던 이곳 단풍나무는 조금은 철이 없이 붕붕 떠다닌다는 느낌이 들었었는데 이제 성숙미가 완연히 느껴진다. 완숙미가 넘치는 풍만한 여인의 가슴에 포근히 안긴 기분이랄까. 사람들 모습도 하나같이 부드럽고 여유가 넘친다.

평소 건강이 좋지 않은 어머니도 붉고 노란 단풍에 매료되셨나 보다. "너무 좋다. 맘먹으면 이리 편히 오는데, 지레 겁먹었네."라고 연실 되뇌신다. 어디에 가나 급한 성품으로 혼자서 저 멀리 앞서 가버리던 아버지도 천천히 아주 천천히 어머니와 발걸음을 맞춘다.

사진 찍기를 좋아하지 않던 아버지는 카메라를 대기만 하면 어머니와 나란히 선다. 어릴 적 보았던 그 자세를 취하신다. 자연스럽고 다정스럽다. 붉은 단풍나무 밑에 서니 얼굴이 붉고 화사해져서, 언제나 마음속에 간직하고 싶은 혈기왕성한 모습이다. 붉은 단풍 세상에서 가끔 보이는 노란 단풍나무와 아직도 두둑한 배짱으로 녹색 옷을 입고 있는 나무들이 내장산의 조화로움을 더한다. 두 분은 새빨간 단풍나무 밑에서 다정한 자세를 취하시더니 금세 얼굴이 붉어지기도 한다. 지나가는 청춘들을 의식하였나 보다.

한참을 걸었다. 전에 왔을 때는 백양사로 넘어갔는데 이리 병신이 되었다며 한탄하시는 어머니 모습에 눈시울이 뜨겁다. 어머니는 일주일 분량의 운동을 다한 것 같다고 한다.

"천변을 이리 오리 걸었으면 다리 아파서 주저앉았을 텐디…."

케이블카 이정표가 보인다. 앞마당은 케이블카를 타기 위해 굽이굽이 늘어선 사람들로 가득하다. 얼마를 기다리든 꼭 태워 드리고 싶다. 몰려든 인파에 신이 났는지 케이블카도 부산히 움직인다. 기다리는 것도 구경이다. 크게 지루하지만은 않다. 단풍 절정기라서인지 방송국 헬기가 머리 위를 선회하고 사람들은 일제히 고개를 들고 손을 흔든다.

이윽고 케이블카가 움직이기 시작한다. 내려다본 내장산은 기대한 만큼 아름답지는 않다. 산비탈에 가끔 보이는 단풍나무만 붉은 자태를 뽐낼 뿐 이미 한숨 푹 쉴 준비를 끝낸 진갈색의 늦가을 산이다. 팔각정에 올랐지만 산 아래는 안개에 희끄무레할 뿐 별 감흥이 없다. 케이블카를 탔다는 것 외에는 기다리던 시간이 아깝다. 그 시간에 구석구석 단풍구경이나 실컷 할 것을.

어느덧 서녘 하늘도 붉게 물들기 시작한다. 지는 해보다 더 많이 기울어버린 어머니. 그래도 차 뒷자리에 말없이 앉아 계시는 어머니 얼굴이 노을보다 곱다.

3

달맞이꽃

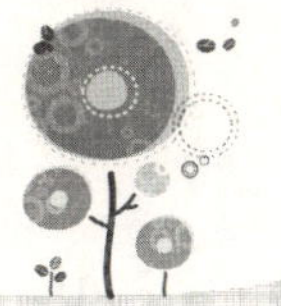

음양탕

어느 곳에 가나 약수라면 기어이 물로 배를 채우고야 마는 성미지만 그런 물맛은 처음이었다. 들떠 지내는 내 심신을 가라앉혀 좌정시키는 것이 큰 설법을 듣는 것 같았다.

해소수 만에 선생님을 뵈러 갔다. 선생님께서는 귀한 분에게 대접하고 싶은 명차가 있으니 차 한잔하자고 하였다.

물이 팔팔 끓기 시작하자 눈을 감으랬다. 찬장 문을 열고 무엇인가를 꺼내는 소리가 들렸다. 부스럭거리는 소리가 아껴둔 명차를 꺼내 준비하시는 것 같았다.

이윽고 사기 컵을 쥐어 주며,

"살짝 잡고 있으세요. 손이 따뜻하지요. 자 차를 음미해 보세요. 무슨 차인지 알겠어요?"

"녹차 같기도 하고. 뭔가 고급 차 같은데."

"맛이 어때요?"

"약간 단맛도 나고. 부드럽고, 편한 맛인데요."

차를 자주 마시는 나지만 몸 구석구석을 깊이 파고드는, 척 달라붙는 달보드레한 맛은 처음이었다.

"천천히 맛을 음미하면서 다 마셔요. 몸이 따스해지고 편안해질 것입니다."

혀를 굴려가며 반쯤 마셨을까. 눈을 뜨라고 하였다.

맹물이잖아! 눈이 생각을 좌지우지하면 선입견에 맛을 제대로 음미하지 못할 것 같아 눈을 감으라 했다고 하였다.

멋쩍은 표정을 짓자 차 이름이 음양탕陰陽湯이란다.

잠깐 자리를 비우면서 물이 팔팔 끓어도 내버려 두라고 하더니만 그게 바로 비법이라고 했다. 팔팔 끓는 물에 갑자기 차가운 물을 부으면 뜨거운 양의 기운과 차가운 음의 성질이 만나 순환하는데, 그때 마시면 인체의 상하 기운을 원활하게 해준단다. 『동의보감』에 생숙탕生熟湯이라 하여 위장병의 명약으로 소개되어 있단다. 반반씩 섞어 마시면 좋지만 따뜻하게 마시고 싶으면 찬물을 적게 타면 된다며 제조법도 간단하니 자주 마시라 권했다.

명약이라는 말에 귀가 솔깃해서였을까? 천국의 계단이라 불리는 낮은 돌계단 몇 개를 올라타고 산허리쯤에 앉아 있는 반쯤 완성된 집의 실내에선 입김이 보일 정도였는데 어느새 집 안이 훈훈해지기 시작했다.

몸이 따뜻해졌다. 음양의 참맛이 이런 맛이구나! 자극적이지도 않고 너무 드러나지도 않은 편안하고 따뜻한 맛. 혹 아니면 백인 세상에서, 둘의 장점을 살리고 단점을 채워주는 회색의 진정한 멋이랄까? 음과 양이 아직 날을 누그러뜨리지 못하고, 타고나 밴 성격대로 뜨겁게 부딪치는 신혼을 넘긴 중년 부부의 삶이 이런 맛이겠지. 과거든 현재든 나라는 존재, 사물의 형식에 얽매이다 보니 항상 내 주위에 있어 그 맛을 모르고, 그 귀함을 느끼지 못하고 살고 있구나.

음양이 만나면 뜨겁게 타오를 줄 알았는데. 뜨겁지 않으면 문제가 있다고 생각한 적이 있는데.

설핏 원효 대사의 깨달음이 생각났다. 원효 대사가 해골바가지의 썩은 물을 마시고 '중요한 것은 물상이 아니라 바로 자신의 마음 그 자체라는 것. 자신의 마음가짐에 따라서 온 세상의 모든 것이 바뀐다.'라는 거대한 깨달음을 얻었듯이 나는 '눈으로 보이는 것만이 다는 아니다.'라는 사실에 한 걸음 다가섰다.

거시기

어릴 적에 말을 더듬던 고향 친구가 있었다. 우리는 그 친구를 에디슨이라고 불렀고 때에 따라서는 '거시기'라고도 불렀다. 머리가 좋아 공부는 잘했지만 성격이 유별나게 급해서 혀가 머리를 따라오지 못하면 한 손을 들고 "거시기, 거시기…."를 외치며 얼굴을 붉히곤 했다. 우리는 그때 그 녀석이 거시기 거시기만 해도 그게 무슨 뜻인지 다 알아들을 수 있었다.

모임 후 헤어지지가 아쉬워 자리를 옮기는 차 안에서였다. 오랜만에 만난 그 녀석은 이제 그 단어를 전혀 입에 담지 않았다. '거시기'는 어디다 버렸느냐고 묻자, 그 별명이 너무 듣기 싫어 말을 천천히 하는 습관을 들이느라 애를 먹었다며 웃었다. 그러고 보니 녀석은 매우 느리고 또박또박 말했다.

"전라도 사람들 말은 거시기로 시작해서 거시기로 끝난다메?"

"참말로 거시기하네."

"거시기는 머시기도 몰라잉."

전라도 사람들 참 대단하다는 말에서부터 정말 웃긴다는 말에 이르기까지 다들 한마디씩 거들기에 정신이 없었다.

거시기는 차를 들었다 놓았다 하며 주말 서울 도로가 주차장이라는 사실조차 날려버렸다.

비좁은 차 안에서 아이패드를 꺼내 누가 볼세라 그 단어를 찾아보았다. 나에게 고향같이 포근하고 둥글둥글한 말인데 뭔가 잘못되고 있다는 생각에서였다. 사전에는 엄연히 표준어로 '말하다가 말이 막힐 때 나오는 소리'라고 되어 있다. 표준어란 교양 있는 사람들이 두루 쓰는 현대 서울말로 정함을 원칙으로 하고 있으니 현재 우리나라 사람들이 두루 쓰는 말이다. 그것도 교양 있는 사람들이. 그런데 왜 유독 전라도 사투리로 알고 있을까. 거시기는 귀신도 모른다는데 전라도에서는 그 말이 기가 막히게 통한다고 비아냥대기도 한다.

거시기가 왜 전라도 말로 둔갑하였고, 때로는 입에 담기 곤란한 신체 부위를 지칭하는 것에도 쓰이는지 그 이유가 궁금했다. 유래 등을 알아보았으나 여느 순우리말과 매한가지로 그럴듯한 설화나 어원이 있을 뿐이어서 나도 나름대로 설을 더하고 싶다.

그 옛날 사람들은 평야나 구릉지에서 동네 사람들끼리 어우렁더우렁 살았다. 먹고 살기 위해 이 지역 저 지역을 떠돌아다닐 필요가 없었다. 평생 동안 한 동네에서 살다 보니 어느 집 쌀독이 비어 있는지, 누구네 집 살강에는 숟가락이 몇인지 훤히 꿰고 살았다. 지역에서 조그만 일이라도 생기면 한 지붕 식구처럼 금세 다 알아버렸을 것이다. 장마 뒤에 고샅을 휘젓는 아낙의 치마꼬리 소리만 듣고도 무슨 일로 바쁜지, 농한기에 늙수그레한 남정네가 누구네 집에 드는 것만 보고도 혼사가 이루어지고 있다는 것을 다 알았을 것이다. 그러니 대화에서 거시기만으로도 다 알아들을 수 있었을 것이다.

바쁜 농사철, 쇠코잠방이에 등지기를 입고 들길을 종종거리는 농사꾼들의 눈에 뒷짐을 지고 느릿느릿 팔자걸음을 하다가 하염없이 한양 하늘을 올려다보는 양반네들이 곱게 보일 리 만무했으리라. 혹 피할 수 없이 말을 섞어야 할 때는 자기들만이 아는 일들에 대해 거시기라 하면서 울을 쳤을 것이다. 양반네를 일컫거나 욕할 때도 차마 직접 입에 담지 못해 거시기로 얼버무렸을 것이다.

아들을 데리고 온 지인 있어 거시기라는 말을 들으면 무슨 생각이 드느냐고 물었다. 중학생인 지인의 아들은 어른들이 쓰는 말이라며 잘 모르겠다 했다. 어른들이 쓰는 말이라! 보일 듯 말 듯 미소를 짓고 있던 지인은 남자나 여자의 그곳 아니냐며 농을 던졌다.

거시기라고 말하면 언제 어디서나 그냥 마음으로 통할 수 있는 그런 날이 왔으면 좋겠다.

그냥

'그냥'처럼 편한 말도 드물다. 그냥은 있던 그대로 있으면 되고, 어떠한 변명도 필요치 않다. 계산할 줄도 모르고 대가를 바라지도 않는다.

그냥은 편히 숨쉬기조차 힘든 세상에서 가장 편한 말로 들리기도 한다. 얼렁뚱땅 변명이나 즉답을 피하는, 그 순간만을 넘기려는 얄팍한 말로 들릴 수도 있다. 그러나 그 말은 봄을 알리고 강줄기가 시작되는 산속 옹달샘같이 끝없는 정이 솟아나는 말이기도 하다.

그래서일까. 나는 그냥이란 말을 자주 한다. 일찍이 소크라테스는 우리에게 가장 중요한 것은 "그냥 사는 것이 아니라, 올바르게 사는 것."이라고 했지만, 때로는 그냥저냥 살고 싶은 것이 사실이다. 무엇인가에 얽매이길 싫어하는 성격 때문일 것이다.

나는 머리가 복잡할 때는 그냥 걷는다. 그냥 사무실 주변을 몇 바퀴 돌기도 하고, 애먼 잡초를 꺾어 입에 물어보고 돌부리를 차보기도 한다. 한겨울 빙판길을 만나면 미끄럼을 타보고, 하얗게 실핏줄이 드러난 언 땅을 입김으로 녹여보려 애쓰기도 한다. 이른 봄, 늦서리를 이고 있던 새순이 조그만 햇살에도 예서제서 우주를 밀어 올리는 그 신비함을 오랜 시간 보기도 한다. 길섶 한자리에서 아웅다웅 다투며 제자리 잡아가는 이름이 아리송한 들꽃을 보기도 한다.

아침이면 커피 한 잔을 들고 하늘바라기를 한다. 여름이면 겨울을 생각하고, 겨울이면 여름을 그리면서 그냥 본다.

두둥실 떠가는 구름이 있으면 그 위에 내 마음을 얹어 보기도 하고 조각구름을 타고 첫사랑을 찾아보기도 한다.

이유 없이 시무룩해지고 어깨가 축 처져 있을 때 누군가 무슨 일 있느냐고 묻는다면 "그냥"이라고만 말한다. 내 알아서, 시간이 지나면 괜찮아질 것이니 이것저것 따지지 말고 내버려 두라는 이야기다.

지울 수 없이 그리운 사람을 찾아갔을 때 "어쩐 일이야."라고 퉁명스럽게 묻는다 해도 "그냥 왔어."라는 이 한마디면 충분하다. 더는 사족이 필요치 않다. 나머지는 알아서 생각하면 되는 것이다. 이때 '그냥'은 우주를 담고 있다. 전라도 사투리 '거시기' 에 견줄 수 있는 만병통치약이다.

그냥은 이성 간의 만남에서도 어울리는 말이다. 사춘기 때 좋아하던 여학생, 그 친구가 특별히 예뻐서가 아니요, 대화가 잘 통해서가 아닐 것이다. 첫눈에 그냥 좋은 것이다. 그 학생 뭐가 예쁘다고 난리냐고 친구들이 놀린다 해도 귀에 들어오지 않는다. 연인들 사이도 마찬가지이다. 좋아서 어쩔 줄 모르는 연인들, 그들 또한 특별한 계산법을 생각하지 않는다. 단지, 그냥이요 인연이다.

모든 만남 또한 크게 예외는 아니다. 사회생활하면서 숱한 사람들을 만나지만, 그냥 좋은 사람이 있다. 그 사람의 인상과는 관계없다. 대화하지 않아도, 얼굴만 보고 있어도 그냥 좋은 것이다.

'그냥'은 아날로그 냄새가 난다. 해거름 찔레꽃처럼 여운과 정이 있다. 에누리가 있고 시간이 있어 여유롭다. 끝이 아니라 한창 때인 것 같아 안심된다. 직설적이지 않아 마음에 여유를 준다. 그래서 그냥이 좋다.

까치

“깍깍깍깍!” 까치가 출근길을 반겼다. 건물 입구에 있던 네댓 사람도 내가 출근하기만을 기다린 것 같았다. ‘좋은 일이 있으려나?’ 순간, 시커먼 것이 머리 위로 ‘쌩!’하고 날아갔다. 나도 모르게 털썩 주저앉았다. 머리가 먹먹했다.

사람들은 기다렸다는 듯 한바탕 웃었다. 한 사람이 다가오더니, 저 어미가 새끼 근처에 누가 접근만 하면 쏜살같이 날아온다고 했다. 옆에서 지켜보던 사람들도 한마디씩 거들었다.

“까치가 많아지다 보니…. 아이고, 사람이나 저 까치나 다를 게 뭐람.”

“저 까치집 봐요. 저게 까치집인지. 저러니 새끼가 떨어지지.”

주변을 둘러보았다. 회색빛 건물 위에 쏟아질 것 같은 어두운 하늘만 내려앉아 있었다. 새끼가 떨어질 만한 곳이 없어 보였다. 도대체 무슨 말인지.

궁금증을 누르고 사무실에 들어섰다. 일정이 빡빡한 하루, 나는 간간이 들리는 다급한 소리를 외면하려 애썼다.

그러나 얼마 지나지 않아 "깍깍깍깍! 깍깍깍깍!" 나는 어느새 까치를 지켜보고 있는 사람들 틈에 끼었다.

"아이고, 저러니. 까치만을 탓할 수 없지."

"불쌍해서 어쩌나."

알듯 모를 듯한 사람들의 웅성거림이 자초지종을 알기도 전에 가슴에 파고들었다. 새끼는 덩치가 어미만 했지만, 아직 보송보송한 솜털이 남아 있고 꼬리가 작달막한 것이 한눈에 보아도 어린 것임을 금세 알 수 있었다. 살이 포동포동 오른 것이 사랑을 듬뿍 받은 것 같았다. 풀밭 사이로 종종거리는 것이 제법 날렵했다. 자초지종을 묻자 사람들은 기다렸다는 듯이 건물 위 간판을 가리켰다.

나뭇가지 몇 개가 엉성하게 놓여 있었다. 비버 못지않은 타고난 건축가가…. 어쩌다가. 대실망도 잠시, 보금자리를, 더욱이 해산방解産房을 저리 어설프게 지을 수밖에 없었던 데는 그럴만한 사정이 있었을 것이라는 생각이 들었다.

사실 저 부부는 시 외곽 제법 큰 들판 가운데 오래된 농가 앞 플라타너스에 지은 근사한 주택에서 고요히 살았을 것이다. 그들은 몇 년 전 꽃샘바람이 세차게 불던 날 널브러진 큰 가지로 기초를 쌓고 작은 것으로 촘촘히 덧대어 크고 단단한 집을 지었다. 태풍이 불거나 눈보라가 닥쳐도 걱정이 없었다.

그런데 올봄 농가 근처에 양복을 입은 사람들이 분주히 드나들더니만, 십여 년 넘게 그 자리를 지키던 농가를 부수고 플라타너스를 싹둑 잘라버렸다. 엎친 데 덮친 격으로 암컷의 출산이 임박하여 급히 집을 구해야 했다.

예년과 달리 많은 집이 "윙 윙윙" 기계음을 따라 사라져버려 몇 시간 동안 빈집을 찾았지만 헛수고였다. 용케도 버티고 있는 길 건너 낮은 가로수에서 날개를 축 늘어뜨리고 있을 때였다.

암컷의 다급한 소리가 들렸다. 알을 낳을 것 같았다. 급한 대로 들고양이라도 피하자는 생각에 회색빛 건물 간판 걸이 위에 가지 몇 개로 바닥을 다지는데 암컷은 알을 낳고야 말았다. 몇 개의 알을 낳아 품었지만 그중에서 용케 부화한 끈질긴 녀석일 거라는 생각이 들었다. 생각이 거기에 이르자 애타게 울부짖는 어미가 더 안쓰러워 보였다.

오후가 되자 까치 소리가 잦아들었다. 불길한 생각이 스쳤다. 새끼 근처만 가도 독수리처럼 날아들던 어미는 저 멀리 가로등에서 "깍깍깍" 목쉰 소리로 울 뿐이었다. 새벽부터 울어댔으니 그럴만도 했다. 새끼도 지쳤는지 땅에 납작 엎드린 채 향나무 밑에서 눈만 껌뻑일 뿐이었다.

일주일 넘게 그 녀석은 건물 통로에서 안절부절못하고 지냈다. 가끔, 심상치 않은 까치 소리가 날 때면 그 녀석은 어김없이 도로 건너 풀밭에서 헤매고 있었다.

"깍깍깍깍" 어미의 앙칼진 고함에 놀란 새끼는 종종걸음으로 향나무 밑으로 달려온다. 아쉬운 대로 향나무 밑이 편안한 것 같았다. 아이를 나무라는 엄마를 보는 것 같아 설핏 웃음이 났다.

오늘 아침이었다. 까치의 아침인사가 없었다.

사무실에 들어가다 말고 주변을 둘러보았다. 향나무 밑으로 가보았지만 새끼가 없었다. '밤사이 일이 생겼나?'

순간, "깍깍 깍깍깍" 풀숲에서 귀에 익은 소리가 들렸다.

반사적으로 돌아섰다. "푸드덕푸드덕" 날아올라 하늘을 품으려는 꿈에 안간힘을 쓰고 있는 새끼가 보였다.

"짹짹 깍깍깍" 소리에도 제법 힘이 실렸다.

"깍깍깍 깍깍깍" 어미는 가로등 위에 올라타고 신이 난 것 같았다. '아가야. 그렇지. 한 번 더. 자, 자 엄마가 나는 것을 봐봐.' 라며 연방 발을 굴러대고 있었다. 새끼는 다시 "푸드덕"거리더니 몇 걸음을 차고 올랐다. "깍깍깍깍깍깍" 어미의 맑은 축하 소리가 들렸다. 부지불식간 나는 손을 번쩍 들어 만세를 불렀다.

새들의 수난 시대

1

방안인데도 홑벽을 타고 넘어온 웃풍에 얼굴이 시리다.

늘 쌓여 있는 일들이 모처럼 맞은 주말 오후를 불편하게 한다. 책을 펴보고 컴퓨터를 열어도 도대체 정신을 바로 세울 수가 없다. 텔레비전에서는 그저 그런 따분한 드라마만 나오고 뉴스는 내 심기를 건드릴 뿐이다.

나는 무작정 집을 나와 시골길을 달린다. 햇볕이 비켜간 도로는 며칠 전 내린 눈에 반질반질하다. 겨울 황사에 신음하고 있는 검회색의 번잡한 시내를 조금 벗어났을 뿐인데 지나는 마을마다 소한 추위에 한적하기 그지없다.

작은 마을 들머리에 있는 숲 거리를 지날 때 새 두 마리가 급한 날갯짓을 하며 도로를 뛰다시피 건넜다. 암수가 교태를 부리나 보다 여기며 지나쳤으나 어찌 된 일인지 불길한 생각이 들었다. 이미 로드킬(Road kill)에 익숙해져버린 나, 언제나처럼 그냥 내 갈 길을 가려는데 그 새가 차 앞 유리에 자꾸만 달려들며 길을 막아서는 것 같았다. 결국, 얼마 가지 못하고 나는 그 새에게 발목이 잡혀 도롯가에 차를 세웠다. 식어버린 아스팔트에 차를 올리고 복잡한 머리를 비우기 위해 정처없이 달려보려 했으나 오히려 마음의 짐을 더 지고 가는 것 같았다. 나는 급기야 차를 돌려 다시 그 숲길로 갔다.

차를 세우고 귀를 기울였으나 들리는 건 무정한 바람 소리뿐이었다. 나는 풋나무 사이를 헤집고 산언덕에 올랐다. 간간이 퍼드덕거리는 무거운 소리에 사위스러운 생각을 지울 수가 없다. 소리를 좇아 낮은 발걸음을 옮겼다. 두세 발이나 옮겼을까. 이제 막 새끼 티를 벗은 듯한 꿩 한 마리가 눈을 게슴츠레 뜨고 옆으로 누워 있었다. 내가 가까이 가자 녀석은 필사적으로 두세 번 작은 날갯짓을 하더니만 그것마저도 벅찼는지 이내 날개를 떨어뜨리고 말았다.

분명 두 마리였는데. 한 마리는 어디 갔지. 귀를 기울여보고 주변을 둘러보아도 없다. 멀리서나마 지켜보고 있지 않나 싶어 주변 나무 위를 둘러보았지만 헐벗은 나무만 작은 바람에 흔들릴 뿐이었다. 그래, 부모와 자식, 부부나 연인 사이가 아니라 아직은 철부지인 한배 새끼였나 보다. 아니면 그들에게 이런 일쯤 다반사가 되어버렸나. 인간 세상이나 새 세상이나 다를 게 뭐람.

아주 짧은 순간이었으나 나도 어쩔 수 없는 속인인가 보다. 꿩 요리가 머릿속에 스치고 지나갔다. 하지만 껌벅거리는 작은 눈망울에서 생명에의 절규를 보자 돌기가 돋으며 몸이 부르르 떨렸다. 마음이 급해지기 시작했다. 급히 차에 달려가 생수를 가져다 주둥이를 벌려 물을 먹이고는 낙엽을 모아 그렁저렁 집을 만들어 그 위에 눕혔다.

발길이 떨어지지 않았다. 그러나 내가 그에게 더는 해줄 것이 생각나지 않았다.

생명의 강인함에 기대고 그의 운명에 맡기는 수밖에. 그들만의 세상에서 다시 맑은 하늘을 날아다니도록 기도하는 수밖에.

2

몇 년 전, 사무실이 도시 외곽에 있었을 때다. 도로에서 아지랑이가 피어나기 시작할 무렵, 사무실에서 덜 깬 잠을 달래고 있는데 검은 물체가 안쪽 벽에 퍽, 현관 유리에 콩하고 들이받고 혼비백산이었다. 좁은 사무실을 탓하기라도 하듯 벽과 유리창을 연신 박아대기 시작했다.

아닌 밤중에 홍두깨라더니 나는 멍하니 앉아 있다가 깜짝 놀랐다. 좀 정신을 차리고 천천히 날 것이지. 하필 반쯤 열린 출입문으로 좁은 사무실에 날아들어 와서는…. 나는 눈을 부릅뜨고 신경을 곧추세운 후에야 그것이 제비임을 알았다.

나에게 그 녀석은 낭보나 황금덩이라도 물고 오는 보은의 새는 이미 아니었다. 가만히 보고만 있으면 제비 머리가 박살이 날 것만 같고 혹여 나에게 달려들기라도 한다면 그 속력에 내가 쓰러질 것 같았다. 나는 짐짓 겁이 났다.

더는 지체할 수가 없었다. 그 조그만 녀석을 좇아내야 한다는 일념 외에 아무 생각도 들지 않았다. 쏜살같이 사무실의 앞문 뒷문 그리고 유리창을 다 열고 서류봉투를 휘두르며 녀석을 좇았다. 녀석은 몇 번 더 벽과 유리를 들이받더니만 운이 좋은 것인지 아니면 제정신을 차린 것인지 밖으로 빠져나갔다.

그 이후 얼마 지나지 않은, 그 제비가 내 머릿속에서 아직 날고 있을 때였다. 출근하여 눈을 비비며 신문 기사에 정신이 팔려 있을 때 사무실 현관 유리에 무엇인가가 퍽 하고 부딪치는 소리가 났다. 누군가 나에게 해코지를 할 만큼 못된 짓을 한 적이 없는데. 놀라 밖으로 뛰쳐나갔다. 차는커녕 어느 무엇도 지나간 기척이 없었다.

고개를 갸우뚱거리며 사무실로 다시 들어서려고 할 때였다. 참새가 사무실 앞 콘크리트 바닥에 고꾸라져 있었다.

얼빠진 녀석이 현관 유리에 머리를 박고 기절한 것 같았다. 게으른 탓에 일 년에 한 번 겨우 물청소를 하는 유리는 먼지며 매연을 잔뜩 껴안아 시커먼데도 거기에 머리를 박다니. 넋이라도 빠진 것인지 눈을 감고 난 것인지 아니면 딴청을 부리다 미처 피하지 못했는지 생각할수록 기가 막혔다. 며칠 전 산속에서 본 전원주택의 유리창에 붙어 있던 독수리 그림이라도 붙여야 하나. 아니면 유리창을 시커멓게 덧칠해야 하나.

나는 허탈하게 웃다 말고 그 녀석을 두 손으로 안았다.

날개 밑 겨드랑이에 생명이 흐르고 있는 것 같았다. 다행이라는 생각에 사무실로 새를 안고 들어왔다. 그리고는 주둥이를 벌려 물 몇 방울을 주고 내 온기를 나누어 주었다. 얼마나 지났을까. 녀석은 엷은 눈꺼풀을 파르르 떨기 시작했다.

나는 그 조그만 녀석을 안고 아침저녁 떼 지어 재잘대던 사무실 뒷산으로 바쁜 걸음을 옮겼다. 그리고는 덤불에 그 녀석을 놓아주고 몇 발자국 뒤에서 지켜보았다. 퍼덕 퍼드덕 퍼드덕. 녀석은 얼마 지나지 않아 작은 다리를 분주히 움직이더니 퍼드드덕 빠른 날갯짓으로 안개에 잠긴 산 너머로 사라졌다.

달맞이꽃

까만 밤에도 볼 수 있는 마음의 꽃이 있다. 이 세상 온갖 꽃은 한낮의 태양 아래 오감으로 우리를 유혹하지만, 이 꽃은 은은한 달빛 아래 수줍게 피었다가 아침이면 오므라든다. 깊고 어두운 밤, 짙게 내린 안개에 쌓인 달빛을 벗 삼아 먼 길 떠난 임을 기다리는 새각시를 닮았다 하여 달맞이꽃이란다.

지난해 여름이 시작될 무렵, 사무실 앞 도로변 화단에 작고 볼품없는 풀이 모습을 드러냈다. 너무 연약한 것들을 심어서인지, 아니면 돌보지 않아서인지 시들시들하다가 겨울이 오자 눈에 묻혀 그 존재조차 잊고 말았었다.

봄바람이 겨우내 쌓였던 눈 이불을 걷어내니 그 자리에 매서운 추위를 용케도 견디어낸 앳된 이파리가 보였다. 아직도 쌀쌀한 바람을 피하여 땅에 바짝 엎드린 잎들은 손이 닿으면 바스락하고 부서질 것만 같았다. 처음에는 그저 잡초인 줄만 알았다. 그러나 봄의 끝자락에서 줄기를 뽑아 올리더니 꽃자루에 노란 꽃을 피워내는 것이 아닌가.

키는 한 뼘이 조금 넘을 정도. 처음에는 척박한 땅에서 온종일 소음과 매연에 시달려서 덜 컸으리라 생각했다. 그러나 작은 키와 야리야리한 줄기에 비해 꽃은 제법 큰 게 이상했다. 꽃잎은 뒤가 비칠 정도로 얇아서 작은 바람에도 가만히 있지를 못했다.

가까이 다가가 쪼그리고 앉아 살펴보았다. 실핏줄이 그대로 드러나는 맑은 살빛을 가진 소녀인 양 화들짝 놀란 표정이었다. 미풍에도 이내 수줍은 듯 고개를 돌리고 말았다.

그런데도 호기 있게 한낮에 활짝 피었다가 퇴근 무렵이면 꽃잎을 오므렸다. 꽃 모양이나 꽃 색깔로 보아 어렴풋이 짐작은 가나, 그 정체를 확인하고 싶어 시청에 전화 문의를 했다. 달맞이꽃이란다.

“아니, 달맞이꽃은 밤에 피지 않나요?”

재차 물으니 ‘개량달맞이꽃’이란다. 허허, 달맞이꽃이라니? 이 벌건 대낮에 무슨 달맞이를 할 수 있단 말인가!

어둠이 짙게 깔린 외딴집 묵은 텃밭에서 별 바라기를 하려는 듯 노란빛을 발하는 달맞이꽃이 생각났다. 동산 위에 달 밝은 밤, 반딧불을 동무 삼아 길섶에 서서 고향 찾는 길손을 반기던 달맞이꽃.

“얼마나 기다리다 꽃이 됐나. 달 밝은 밤이 오면 홀로 피어 쓸쓸히 쓸쓸히 미소를 띠는 그 이름 달맞이꽃."

어둠이 덜 가신 새벽길에서 이슬을 머금고 서 있는 꽃을 볼 때면 엄습해오는 외로움을 달래보려 흥얼거리던 노래였다. 부르고 나면 조금은 후련해질 것 같았는데 더 진한 외로움만 안겨 주던 꽃. 애처로운 마음에 얼싸안고 싶었던 꽃이었다.

유독 밤에만 핀다는 특이함 때문일까. 달맞이꽃과 관련된 전설이나 신화는 슬픈 사랑이나 그리움을 담고 있다. 그래선지 꽃말은 '기다림, 말 없는 사랑, 소원'이다.

하지만 도심 속에 피어난 개량달맞이꽃에서는 기다림도, 말 없는 사랑도, 애절한 소원도, 외로움이나 애처로움도 느낄 수가 없다. 이른 아침 해가 뜨면 하나둘 피기 시작하다가 해가 지기도 전에 꽃잎을 닫아 버리니, 해맞이꽃이라고나 불러야 할까. 새벽이슬을 머금은 달맞이꽃은 어디론가 가버렸다.

돌이켜보면 새삼스러운 일도 아니다. 언제부턴가 계절을 잊은 채 핀 키 작은 코스모스, 두 배쯤 커 보이는 꽃을 힘겹게 이고 있는 땅딸이 백일홍은 또 어떠한가. 인간의 이기심으로 변하지 않는 게 무엇이란 말인가. 굳이 전설을 빌리지 않더라도 밤에 피는 꽃은 그럴만한 이유가 있을 것이다. 그것이 조화 아니던가.

요즈음 사람들은 겉으로 보이는 것에만 열중한다. 때론 보이는 것이 전부가 아니요, 그 안에 깃든 아름다움이 더 가치 있는 것인데 말이다. 도로변 화단에 피어 있는 개량달맞이꽃이 처량해 보인다. 섭리를 깨닫지 못한 어리석은 우리들의 마음을 상징하는 것만 같다.

마네킹

그녀는 항시 그 자리에서 보일락 말락 미소를 짓고 있다.

그녀는 밖이 궁금하여 머리가 아플 때도 있지만 애써 속내를 드러내지 않고 그 자리에 있다. 처한 환경을 운명으로 받아들일 뿐이다. 그녀의 옷을 한참이나 쳐다보다가 바로 앞 가게에 들어가버려도 그녀는 개의치 않고 웃고만 있다. 그녀는 역할에 충실할 뿐 결과는 신경 쓰지 않는다. 그녀는 가늘고 긴 손가락으로 다음에는 자기를 찾아달라는 기약 없는 약속만 할 뿐 결과를 바라지 않는다.

그녀는 삭풍에 시야가 하얗게 얼어붙은 겨울 허리에서 두툼한 털 코트를 벗어던지고 주체 못 하는 온몸의 열기를 식히려는 듯 속이 훤히 비치는 꽃무늬 원피스로 갈아입는다. 그녀는 한더위 이글거리는 윈도 앞거리의 열기를 비웃기라도 하듯 알록달록한

긴 소매의 가을 옷을 서둘러 입기도 하고 가로수가 먼저 알아챈 삭풍이 언덕에서 어기적거리고 있을 때 털옷을 입기도 한다.

그녀는 비록 추위에 오돌오돌 떨기 예사지만, 잘록한 허리 긴 다리를 뽐내며 매장에서 제일 세련된 옷을 걸치고 있다. 머리가 텅 비었다는 등 시기나 질투 섞인 별의별 말을 다 들어도 언제나 그 자리에서 미동도 하지 않는다. 이 옷 저 옷을 입혀보며 어울리는 옷을 골라주는 주인을 따를 뿐 절대 나대지 않는다. 그저 묵묵히 자신을 주인에게 내맡길 뿐이다. 누군가 그녀 앞에서 한참을 서성이다가 가게 문을 열고 들어와 옷을 벗겨 쇼핑백에 넣어 나가버린다 해도 다른 옷을 입혀주겠지 하고 기다릴 뿐이다. 시끌벅적한 세상에서는 머리를 비우고 사는 것이 정답이라는 것을 이미 터득한 것 같다.

그녀는 처음 세상에 나와 발가벗은 채 상자에 갇혀 가게에 온 후 가게 앞거리만이 세상 전부인 줄 알았다. 하지만 가게 앞거리에 겨우내 얼어붙었던 눈이 스르르 사라지기 시작하고 꽃망울이 붉어질 때, 가로수들이 너나없이 울긋불긋 옷을 갈아입을 때는 불현듯 바깥이 궁금한 것은 사실이다.

하지만 며칠 행사에 다녀온 후 온몸의 상처는 아랑곳하지 않고 다리를 꼬고 앉아 있거나 머릿속에 가게를 언제라도 뛰쳐나가려 하는 바람만 가득 찬 녀석의 몰골을 본 그녀는 쇼윈도 안에서 안

분지족하며 그냥 그대로 살기로 했다. 어차피 한평생, 설령 울을 박차고 나간들 과거를 그리워할 것은 뻔한 일이요, 후회하지 않을 확률이 반에 훨씬 못 미친다고 그녀는 생각했다. 앞일은 모르는 것이지만 팔다리 분리된 채 좁은 차 안에 갇혀 낯모르는 사람들 발에 치이다가 갈 곳 잃고 다시 돌아오고 싶지 않기 때문이다.

가게 앞 가로수가 짙푸러지기 시작한 어느 날, 그녀 앞에 중년의 한 쌍이 걸음을 멈추었다.

"여보, 저 옷 이쁘지?"

"생긴 대로 살어. 머리가 텅 빈 것들이 옷만 그럴듯하게 입고 다녀."

"그래도 이쁘잖어. 이쁘면 다 용서받는 세상이잖아."

남편은 그녀를 보고는 자기 부인의 몸을 한번 쓱 훑어보더니만 눈살을 찌푸리며 핀잔을 준다. 부인은 당황했는지 아니면 이미 익숙해진 말인지 입을 삐쭉거리며 저만치 달아났다.

그 후 그녀는 며칠 동안 마음이 우울했다. 멍하니 앞만 바라보며 주어진 길만 가는 것이 생인 줄 알았는데, 변치 않는 몸매에 멋진 치장만이 세상 전부인 줄 알았는데 머리까지 채워야 한단 말인가. 과연 어떤 것이 올바른 생인가.

어차피 피부에 연륜이 배어들 것이고 유행이 바뀌면 다 태워질 생인데….

모든 것이 다 부질없다. 억만 겁의 시간에서 하루살이의 생과 칠팔십의 인생이 무슨 차이가 있으며 억만 가지 지식에서 앎의 깊이가 무엇이 그리 중요하단 말인가. 그녀는 생각할수록 복잡하고 어려운 세상살이보다 그저 편하게 생을 다하기로 했다.

금

차 앞 유리 운전석 쪽 끝에 작은 점이 하나 찍혀 있었다. 여름 한낮 길섶에 잠시 주차해 놓았는데, 달리던 차에 튄 자갈이 남기고 간 자국 같았다. 어쩜 그리도 눈높이에 정확히 맞췄을까. 점은 며칠 후 손가락만 한 실금이 되었다. 차에 오를 때마다 신경이 쓰여 손볼 생각이었으나 그 정도로는 운전에 지장이 없어 미루게 되었다.

금은 며칠이 지나자 한 뼘 정도로 길어지더니 한동안 멈췄다. 그러나 그게 끝이 아니었다. 한잠 푹 자고 기지개를 켜듯 하루가 다르게 옆으로 쭉쭉 늘려가기 시작했다. 게으름 탓에 시기를 놓쳐버렸다. 유리를 바꿔야겠다 생각은 하면서도 차일피일 그대로 타고 다녔다.

차에 타는 사람마다 한 마디씩 했다. 첫인상과는 달리 무던한 성격이라며 칭찬 아닌 칭찬을 하는 사람, 같은 경험을 했다는 사람, 어디 가면 유리를 갈지 않고도 싸게 손볼 수 있다는 사람. 금은 대화를 펴 올리는 샘이 되기도 했다. 때로는 나에 대한 선입견이 되어 대화거리를 얼어붙게도 했다.

햇볕을 향해 달리다 보면 금 사이로 빨강 파랑 노랑 옥무지개가 보이기도 했다. 혼자 운전할 때 금 덕택에 따분하지가 않았다. 도로도, 들도, 저 멀리 산도 둘로 나누어 놓았다. 내리막에서는 밑에 펼쳐진 들을 나누기도 하고, 오르막에서는 하늘을 둘로 나누었다. 대양 한가운데 수평선이 바다와 하늘을 둘로 나누듯이 본디 하나인 것이 아주 다른 둘로 나누어졌다. 묘하게도 세상을 반으로 나누어 놓았다. 단지 금만 그었을 뿐인데….

금은 화두話頭가 되어 차에서 내려도 머릿속을 떠나지 않았다. 금, 금, 금이라. 생명, 더 나아가 우주질서는 나누기, 즉 금에서부터 시작했다는 생각이 들었다. 따라서 모든 것은 결국은 깨지는 것이며, 때운다고 막을 수 있는 게 아니리라. 하물며 유리의 점이나 실금이 번거롭다고 질서를 거스를 수 없지 않은가. 또한, 차를 길섶을 피해 주차장에만 세워야 한다는 것은 얼토당토않은 일이다. 언젠가는 깨질 운명인 유리가 먼저 깨졌다고 생각하자. 어서 마저 금이 가기를 바라자. 이왕 금이 간 것이니 유리를 바꿀 때까지 즐기자. 조수석 끝까지 가보라지. 그때 바꾸면 언제 금이 갔었는지 금세 잊힐 것이다.

그래도 사물의 금은 가는 것이 보이기 때문에 마음에 준비라도 할 수 있는데 관계에서의 금은 보이지도 않으니 치유가 어려운 것 같다.

돌이켜보건대 나는 이제껏 마음의 금 관리에 대해 참으로 무심했던 것 같다. 많은 친구, 동료가 늘 곁에 있었는데 지금은 대부분 어느 하늘 아래 있는지 아니, 살아 있는지조차 모르고 있다. 하루라도 안 보면 못 살 것 같은 그런 사이였는데 눈에 보이지도 않은 실금이 결국 틈이 되어버린 것이다. 사실 금이 생기고 있다는 것을 언뜻 예감하고도 크게 생각하지 않았고, 나만의 작은 울이 나를 단단히 옥죄어 가라앉히고 있다는 것을 느끼고도 마음의 문을 열어주지 않았던 것 같다. 작은 금이 틈을 크게 벌려놓았다는 것을 알았을 때는 이미 돌이킬 수 없었다.

비단 친구 사이뿐이겠는가. 부부간에도 크게 다르지 않으리라. 연을 맺을 때 평생 반려자로 생각하지 않은 부부가 있을까. 긴 세월 동안 생활하다 보면 어찌 파도가 일지 않고, 금이 생기지 않으랴.

이미 생긴 금은 어쩔 수 없는 일이나 덧나게 하여 아주 깨뜨리는 일은 막아야 할 것이다. 금이 유리를 반 토막으로 갈라놓을 때까지 그 금을 즐기면 되니까.

어느덧 조수석 앞까지 다다랐다. 처음에는 더디 가는 것 같더니만 한 뼘이 넘자 하루가 달랐다. 며칠 전부터 차 앞 유리 금의 끝이 보였다.

처음으로 내 차에 탄 사람들은 그런대로 이런저런 핑계나 화두에 대한 답을 수긍하는 것 같았는데 두 번 세 번 탄 사람들은 타자마자 금을 긋고 입을 닫아버렸다. 입담이 좋은 사람으로 치부해버리는 것 같았다. 서둘러 유리를 바꿔야겠다.

마음

마음
마음, 마음이여!
어찌 너는
너를 다스리지 못하고
남을 이기려 하는가.
— 고창 선운사

아침에 눈을 뜨면 가장 먼저 볼 수 있는 곳, 침소 옆 벽에 걸어두고 있는 걸개그림의 문구다. 단 몇 자가 어찌 이리도 내 마음을 꿰뚫고 있을까. 그래, 내 마음은 분명 내 안에 있는 나의 일부일진대 어찌하여 내 맘대로 할 수 없단 말인가. 나는 매일 '인간사 마음먹기 달렸다.'를 곱씹으며 하루를 시작하지만 그때뿐 일상의 중심에 서면 마음과 머리가 늘 따로 논다.

나는 청년 시절에 우연히 "심즉불心卽佛"이란 말을 접했다. 그 후 한동안 그 말을 좌우명 삼아 책 표지 안쪽마다 그 말을 써 넣고 백지에 수없이 새긴 적이 있다. 마음이 곧 부처라. 사실 그 말을 지키려고 부단히 애를 써보기도 했지만 생각뿐 마음으로 다가간 적이 없었고 더욱이 행동하기에는 언감생심焉敢生心이었다. 단지 말로만 그 언저리에서 빙빙 돌았을 뿐이다. 부처님은커녕 마음의 그림자라도 잡으려고 해도 그것은 어디론가 사라져버리고 저만치 달아나 보이지 않았다. 사실, 나는 마음의 정체를 티끌이나마 알 수도 없었다. 아니, 죽 끓듯 하는 마음에 하루하루의 생활을 맡길 뿐이었다. 돌이켜보니, 지금도 좀처럼 다가가기 어려운 그 정체–오죽하면 옛사람들이 팔만대장경을 오로지 마음 심心자 한 자를 밝히는 것이라 했을까. 내게 너무 일찍 던져진 생의 화두였기에 어느 순간부터 그 말을 잊고 살고 있다.

때론 우주보다도 크지만 티끌보다 작아 눈에 보이지 않고 흐르는 물과 같아서 작은 돌부리에도 흐름을 바꿔 새 물길을 내기도 한다는 그것. 마음 심心과 하트(heart). 사랑하는 사람을 보면 가슴이 설레고 흥분하거나 화를 내면 가슴이 벌렁거리고, 슬프거나 안타까운 것을 보면 가슴이 아프니 마음이 가슴의 심장에 있다고 생각한 것은 당연한 일 아니겠는가. 마음은 동서양을 막론하고 우리네 인간들 삶의 밑바탕이다. 바로 삶 자체이지 않을까.

몸은 마음 앓이와 생채기를 안다. 몸이 곧 마음이요 마음이 곧 몸이기 때문이다. 미움, 사랑, 번뇌, 갈등은 물론이거니와 병, 생사고락이 모두 마음에 달려 있는 연유이다.

인생이란 갈등과 고민의 연속이라는데 마음의 정체를 조금이나마 알고 다가갈 수 있는 길을 알기라도 한다면 갈등이 없어지고 세상이 밝아지려나. 내가 존재하고 존재해야만 하는 이유에 다가갈 수나 있을지. 다가가려 발버둥칠수록 수렁에 깊이 빠져드는 것이 마음이요 삶인 것 같으니 이를 어찌할꼬. 알려고 달려들수록 저만치 달아나 내 마음에 어두운 그림자를 드리운다. 나를 내려놓으면 조금이라도 알 수 있으려나.

이 좋은 봄날, 물소리 새소리 바람 소리 햇살이 쏟아지는 소리까지 너무도 청아淸雅한데 마음속에 흐르는 소리는 혼탁混濁하고 향기 없는 세월은 덧없기만 하다. 내 마음의 봄날은 언제려나. 바람 잔잔히 불어오는 날, 작은 새 종알종알 추억을 물어오고 햇살이 내 귓불에 내려앉아 노닐 그날을 기다리며 피어날 꽃씨 하나 내 마음속 꽃밭에 심으면 향기가 피어나려나. 오늘은 내 마음속에 이 세상 어느 꽃보다 고귀한 꽃이 피어나도록 꽃밭을 만들고 꽃씨를 심어보련다. 그 꽃씨가 피어날 때 내 마음에 조금이나마 다가갈 수 있겠지.

잡초

몇 년 전부터 산소 옆 손바닥만 한 비알밭에 농작물을 심기 시작했다. 그 덕에 나는 봄부터 늦가을까지 산소에 자주 갔다. 사실, 매년 종잣값과 시간을 생각하면 해마다 적자였다. 가족은 내 속마음도 모르고 사 먹는 것이 경제적이다며 속을 긁었지만, 그럴 때마다 나는 장자長子로서의 직분을 내세워 모든 것을 어물쩍 덮어 봄을 맞곤 했다. 그러나 나는 올해 농사를 포기했다. 누적된 경제논리와 게을러져서 찾은 이런저런 핑곗거리가 모든 것을 눌러버렸다.

봄이 익은 후에야 찾은 산소와 비알밭은 이미 잡초밭이었다. 아침나절부터 어둠이 깔릴 때까지 잡초를 뽑았다. 서녘 하늘 붉은 기운과 함께 기력도 땅으로 꺼져버렸고 아귀가 얼얼했지만 뽑고 또 뽑았다. 그러나 잔디가 구분 안 될 때쯤에야 억지 정돈된 잔디와는 달리 돌아서는 마음은 영 개운치가 않았다. 이미 한판 대결

하자며 팔을 쭉쭉 내밀고 있는 잡초와의 한판 대결을 피할 수 없을 것 같아서다.

잡초, 그것은 나와 참으로 질긴 인연이다. 집 마당에서는 매년 잔디와의 전쟁이 펼쳐진다. 마당을 돌아보면 분명 대부분은 잔디이고 실상 잡초는 군데군데 삐죽거릴 뿐인데도 마당을 보면 눈과 모든 신경이 잡초에 꽂힌다. 잡초는 강강술래를 하며 마당을 온통 제 세상으로 보이게도 한다. 그것은 내 마음을 살살 흔들어 보다가 살며시 엉덩이로 비집고 앉아 이 세상에서 소중하지 않은 것은 없다며 너스레를 떨기도 한다.

그것은 나에게 삿대질을 하는 것처럼 흔들거린다. 네 마음속에 있는 잡초에 마냥 조종되고 놀림을 받으면서도 어찌 눈앞 잡초에만 신경을 날카롭게 세우고 있느냐고 탓하는 것 같기도 하다.

생각건대, 처음에는 감히 어떠한 것도 내가 뿌려놓은 마음의 밭에 발을 디디지 못한다. 아예 씨앗조차도 보이지 않는다. 그러나 내가 잠시 옆을 둘러보았을 때 묻혀 있던 것들이 고개를 살짝 내밀고 주위를 살피기 시작한다. 그리고 일단 뿌리를 내리고 본다.

그다음부터는 누가 알아주기를 바라지도 않는다. 심지어 원수 취급까지 받는다 해도 전혀 개의치 않는다. 그것은 있어야 할 자리가 아닌데도 자리를 펴고 다리 뻗다가 타박을 받기도 하지만 지치지도 않고 포기할 줄도 모른다. 그것은 어떠한 간섭도 불평등도 없이 스스로들 균형을 맞춰가며 하필이면 하고 탓하기만 했던 그 자리에서 나고 또 나고 있다. 아무도 잡초의 생명력을 꺾지 못한다.

잡초, 잡놈, 잡생각, 잡동사니, 잡새, 잡목, 잡어…. 이것들은 단지 '잡'자를 머리에 쓰고 있다는 이유 하나만으로 허섭스레기 취급을 당하기 일쑤다. 분명 그들은 그들의 존재가치가 있고 버젓이 나름의 이름을 가지고 있는데 다 싸잡아 '잡'자를 들이대며 몹쓸 것 취급을 한다.

작물이 잡초와 적절히 경쟁할 때 병충해에 강하고 그 결실은 알차고 맛 또한 좋다는 사실은 익히 알려져 있다. 잡생각에서 참 생각을 얻는 것이고 잡목 속에서 재목이 자라는 것이 세상의 이치다. 그런데 우리는 단지, 내가 모르고 나와 다르고 내 것이 아니면 잡초 취급이요 잡놈, 잡목이라 한다. 피부색이건 생각이건 행동이건 나와 다르고 내가 그은 선에 조금이라도 어긋나면 일단 그들에게 '잡'이란 멍에를 씌운다. 일인일색이요 일인백색인데. 그들이 있기에 역사가 있고 내일이 있는 것인데. 푸새 속의 산삼은, 보리밭의 벼는, 무밭의 배추는, 또 배추밭의 무는, 내가 모르고 원하지 않으면 모두 뽑아 없애야 하는 잡초다.

하지만 나만의 세상에서 아직은 이름 모를 많은 풀이, 꽃들이 작은 바람에 물결치며 어우렁더우렁 살을 맞대고 있는 것이 더 많다는 것은 다행이다.

홍시

홍시는 제철 맛을 잃지 않는다. 설령 설익은 홍시라 할지라도 얼고 녹으면서 그 맛을 더한다. 나는 꽤 오래전부터 김치냉장고 덕에 논에서 우려 먹던 도사리, 대청마루와 채반 위, 뒤란 큰 항아리 속의 홍시를 사철 맛보고 있다.

우리 집 김치냉장고에는 일 년 내내 떡하니 주인 행세를 하는 것이 있다. 비닐봉지에 두 개씩 담겨 김치통 안에 차곡차곡 쌓여 있다. 바로 대봉이다. 늦가을 첫서리가 올 때쯤 몇 접을 주문하여 거실에 쫙 깔아놓고 적당히 홍시가 되면 냉동 보관한다. 대봉은 이듬해 가을이 익어서야 그 자리를 잠시 비워주고는 다시 냉동칸 전부를 차지한다. 식구들도 여간해서 먹을 수 없다. 손님 대접용이기 때문이다. 도시생활에서도 손쉽게 할 수 있는 일인데 오는 손님마다 전원생활이기에 가능하다며 한마디씩 한다.

회사에 다닐 때였다. 직장 선배가 집에 왔다. 피치 못할 사정으로 전원생활을 하는 나를 선망의 대상으로 생각하는 선배였다. 말은 야외나들이 나왔다가 내가 생각나 들렀다고 했다. 수직 관계는 이미 무너졌고, 어느 순간 나는 전원생활의 선배로서 자랑을 늘어놓고 있었다. 몇 마디 말을 나누지도 않았는데 해거름이 되었다. 마당 울타리에 태양이 붉게 내려앉기 시작하자 낮 동안 해를 이고 있던 지붕이 더는 못 참았는지 급기야 거실로 열기를 쏟아냈다. 거실을 둘러보더니 에어컨은커녕 선풍기조차 보이지 않자 체념했는지 선배는 셔츠의 단추를 하나둘 풀기 시작했다.

나는 이때다 싶어 대봉을 꺼내서 창가에 놓고 녹기만을 기다렸다.

돌덩이 같던 연주황색의 대봉에 얇은 성에가 낄 때쯤 선배는 묘한 미소를 띠더니 대접에 물을 떠 오라 했다. '목이 마른가.' 라고 혼잣말을 하며 컵에 물을 떠다 줬다.

선배는 크게 웃으며, "대접 두 개에 물을 삼분의 이 정도 받아오게." 라고 하였다.

대접에 수돗물을 받아오자 감을 담그며,

"이야기하다 보면 감이 녹을 거네. 이열치열以熱治熱이라고 이게 이한치한以寒治寒이여. 동상을 찬물로 서서히 빼는 거와 같아. 밖의 열로 녹이면 겉은 물컹하고 안은 얼음덩이야." 라고 했다.

이야기하는 중에 감에서 눈을 뗄 수가 없었다. 감 표면에 제법 쌓인 눈처럼 짙은 성에가 드리워지더니 살얼음이 얼기 시작했다. 감색은 자주색으로 짙어만 가고 얼음은 전등 빛에 반짝거렸다. 신기한 듯 감을 굴리며 장난을 치는 모습이 천진난만해 보였는지 선배는 웃기만 하였다. 물이 얼음장처럼 차갑더니 대접 표면에 물방울이 송골송골 맺혔다.

한참이 지나자 "이제 됐을 거야. 물 버리고 수저 좀 가져오게." 했다.

한술 떠서 오물거리며 상글방글 "이게 바로 천연 아이스크림이여. 쥐도 늙은 쥐가 사는 게 낫다는 말이 있잖아. 아무리 과학문명이 발달하고 요즘 사람들이 날고 긴다 해도 옛 어른들의 지혜는 배워야 혀."라며 어깨를 으쓱했다.

고상안高尙顔의 효빈잡기效嚬雜記 「재미있는 쥐 이야기」를 말한 것 같았다.

4

그곳은

사닥다리

우리 집 화장실에는 특별한 시화 한 점이 있다. 푸시킨의 「삶이 그대를 속일지라도」 란 시화다. '생활이 그대를 속일지라도 슬퍼하거나 노하지 말라. 슬픔의 날을 참고 견디면 머지않아 기쁨의 날이 오리니….'

시화는 제대 후 결혼하기 전까지 줄곧 책상 옆에 있었다. 이후 그 존재조차 잊고 살았는데 어느 순간부터 좌변기에서 긴장의 끈을 놓고 고개를 들면 가장 잘 보이는 곳에 있다. 오랜 추억을 간직하고 있건만 어느 한곳 뒤틀리지도 않고 에두른 금장 띠 색감도 그대로 살아 있다. 작은 어촌 마을 앞 에메랄드빛 해안에 조각배 서너 채가 돛을 내리고 있고 적당히 긴 하얀 엽서체 글이 평화로움을 더하고 있다.

좌변기에 앉아 시화 뒷면에 있는 친구들과 추억여행을 한다. 매번 들추어보리라 마음먹지만 그냥 나오기 일쑤였다.

오늘 아침, 평소대로 물 한 컵 벌컥 마시고 좌변기에 앉았다. 시화를 보는 순간, 또 잊을까 하는 조바심에 일을 볼 수가 없었다. 시화를 떼어 들고 뒷면을 보았다. 어두운 불빛 아래서 세월의 무게에 흐릿해져가는 글귀에 마음이 무거워졌다.

'내가 참으로 무심했구나. 미안하다 친구야.'

때마침 어제 가져온 카메라가 생각났다.

'그래 이참에 친구들 마음 하나하나를 새기며 살자.'

아침 햇살을 듬뿍 머금고 있는 베란다에서 한 컷 한 컷 정성껏 담았다. 친구들은 그 자리 빼곡히 적힌 글귀 위에서 그 마음 그대로 나를 반기고 있었다.

거실에 있던 어머니가 다가오더니 멋쩍은 듯 웃는 나에게 미소로 답하며 한참 동안 나를 보고 계셨다. 입영하던 날을 떠올리시는 듯했다.

입영 전날, 약속장소에 가니 사닥 친구들이 나를 기다리고 있었다.

모임명이 사닥다리이지만 어느 순간 '사닥'이라 했다. 사닥다리는 어느 하나만 빠져도, 어느 하나만 제구실을 못해도 문제가 있으니 모두 이탈하지 않고 언제까지나 우정을 같이하자는, 사다리처럼 도움을 주는 사람들이 되자는 순수한 뜻이 담겨 있다.

친구들은 우리의 우정이 지켜줄 테니 잘 다녀오라며 한마디씩 했다. 그리고 시화를 읽어준 후 미리 준비한 유성펜으로 차례로 뒷면 널빤지에 각자의 마음을 담기 시작했다.

순간 친구들을 돌아보니 헤어짐에 대한 아쉬움과 제대 후 달라져 있을 나를 기대하는 모습들이었다. 나는 남들 다 가는 군대, 잘 다녀오겠다며 애써 웃어 보였지만 불안감을 지울 수는 없었다.

술 한잔 사겠다는 녀석들 성화에 서둘러 나왔다. 소주 한두 잔에 취하는 나이건만 그날은 어둠조차 질려 달아날 때까지 마셨다.

입영 날 아침, 잠시 존 것 같은데 어머니께서는 서둘러야 한다며 깨웠다. 다방에서 나와 술을 마시기 시작했는데 내가 어찌 집에서 자고 있었는지 토막 기억이 날 뿐이었다.

어머니는 겨우 몸을 일으키려는 나에게 새벽녘에야 신발 한 짝만 신은 채로 액자를 꼭 안고 기어들어 왔다며 안쓰러워하셨다. 미리 휴학한 후 입대하기만을 학수고대했건만, 막상 입대하려니 착잡하였나 보다.

어머니께서는 그날 새벽을 기억하고 계셨을까. 아니면 학창 시절 순수했던 마음으로 벗을 곁에 두고 살아가라는 깊은 뜻이었을까. 내가 장가든 이후 몇 번이나 이사를 하였는데도 그 액자를 버리지 않고 가장 집중하여 읽고 생각할 수 있는 곳에 걸어 두셨다.

그 친하던 벗들. 만나기가 무척이나 어렵다. 아이들 키워놓고 나면 다시 만날 거라 했는데…. 영원하길 바랐던 사닥다리는 이미 가로대 몇 개가 빠져 제구실하기가 어렵게 돼버렸다. 하지만 분명, 또 다른 사닥다리의 장대나 가로대가 되어 있을 것이다. '진정한 만남은 부단한 노력이 필요하다.'는 글귀를 마음 깊이 새긴다.

빠져나간 가로대를 찾아 나서고 싶은 밤이다.

살구나무 추억

수구초심首丘初心. 여우가 죽을 때에 머리를 자기가 살던 굴 쪽으로 둔다는 뜻이다. 하물며 사람이 나이가 들수록 태어나고 자란 고향과 부모님을 더욱 그리워하게 되는 것은 인지상정이요, 본능이다. 나도 이제 나이를 제법 먹은 걸까. 요즘 들어 고향 생각이 많이 나고 고향 친구들이 그립다.

고향 모임 총무인 정희로부터 연락이 왔다. 모임 날짜가 잡혔으니 다른 약속 잡지 말란다. 고맙다며 당연하다고 했다. 정희는 뭐가 고맙냐며 웃었지만 그냥 고마웠다.

정희를 생각하면 정희 집 뒤란에 있던 살구나무 생각에 입안 가득 침이 고인다.

초등학교 저학년 시절, 살구가 익어가는 6월 밤이었다.

여느 날처럼 동네 말썽꾸러기들은 기챙이네 집 사랑채에 모여 밤 일거리를 모의했다. 성관이가 자기네 집 닭장에 닭이 아직도 몇 마리 있으니 잡아먹자고 했다. 그러자 기챙이는 "성관이 아버지는 며칠 전 형 친구들의 닭서리를 우리가 했다고 어른들한테 말했다는데, 이제 아예 동네에서 쫓겨날 거냐."며 강하게 반대했다. 그러면서 정희네 집 살구를 털자고 했다.

마을회관 옆 당산나무만큼이나 큰 정희네 집 살구나무는 선배 때부터 대대로 서리의 주 표적이었다. 과일나무가 늙으면 도토리만 한 과일이 열리지만, 정희네 집 살구나무는 언제나 왕성한 청년기 과일나무처럼 굵고도 달보드레한 살구가 주렁주렁 열렸다. 여느 과일나무와 달리 해거리도 않하는 것 같았다. 살구가 익어갈 때 정희네 집 지붕 너머의 노란 살구는 수천 개의 동글동글한 황금 덩이마냥 주위를 밝히고 있었다. 그때만은 정희네가 동네에서 제일 부잣집 같았다. 내가 고향 여자 친구들 중에서 정희를 유달리 좋아하고 한번 사귀어 보고 싶었던 것은 그 살구나무 때문이었는지 모른다.

누가 나설 것인가에 대해 오랜 의논 끝에, 기챙이는 먼저 말을 꺼냈으니 당연히 앞장서고 다람쥐라는 애칭으로 불리는 내가 같이 가야 하는 것으로 결론이 났다.

싸리문 앞에서 한참 동안 살구나무에 다가갈 방법을 이야기했으나 마당이 깊어 대문을 통해서는 도저히 뒤란 살구나무에 다가가기 어려웠다. 부득이하게 뒷집 마당을 지나 담장 위에서 살구나무에 기어 올라가기로 했다. 쉬 살구나무를 찾아 올라갈 수 있었다. 머리 위 달빛이 더해져 살구는 환하게 손짓을 하며 우리를 반겼다. 희열을 느끼며 연방 몇 개를 따 먹었다. 우리는 살구의 신맛을 느끼며 가져간 자루를 펴고 사부자기 따기 시작했다. 다 익으면 따려고 했는지 손으로 한번 훑으면 가득 잡힐 정도로 주렁주렁 달려 있었다. 가지고 간 자루를 반 정도 채웠을 때였다. 기챙이가 발을 헛디뎠다. 한 손으로는 자루를 잡고 한 손으로는 나무에 겨우 매달려 있다가 다시 기어오르는 통에, 애먼 살구가 우두둑우두둑 떨어지기 시작했다. 함석지붕에 살구 떨어지는 소리였다.

이윽고 안방 뒷문이 열리며 "누구여?"라며 놀란 소리가 들리더니 친구 아버님께서 나왔다. 도망칠 수도 없고 큰일이었다. 개에 쫓긴 고양이마냥 나무 위에 붙어 있을 수밖에 없었다. 한참이 지났는데도 친구 아버님은 날이 샐 때까지 나무 밑에서 기다릴 모양이었다. 온몸에서 땀이 줄줄 흘러 함석지붕에서 소나기 소리가 나는 듯했다. 인자하기로 소문난 분이지만 분명히 그냥 넘어가지는 않을 것 같았다. 다시 한참을 나무 위를 쳐다보며 "누가 왔나?" 라고 말씀하셨다. 그때 안방에서 낮은 목소리가 들렸다.

"정희 아버지, 뭔 일이다요?"

"아무것도 아녀."

친구 아버님은 우리를 향해 낮은 목소리로 무어라 말씀하시고는 다시 방으로 들어갔다.

우리는 자루를 겨우 가지고 내려올 만큼 살구를 따서 친구 집 사랑채에 숨겨두고, 며칠에 걸쳐 살구 잔치를 벌였다. 재테크보다 중요한 것이 우友테크라 한다. 하지만, 고향 친구들은 우友테크의 대상이 아닌 것 같다. 언제든지 내가 기댈 수 있고, 오랜만에 만나도 항시 그 자리에서 기다려 주기 때문이다. 이번 모임에서는 오랫동안 가슴속에 묻어오던 살구나무 추억을 화젯거리로 올려보련다.

분명히 정희는 "너희가 다 따 먹었구만."하겠지.

그러면 "그래도 주인이 많이 먹는 겨."라며 능청을 떨 것이다.

시루봉

덕태산과 시루봉은 고향 사람들에게 경외의 산이다. 두려움을 주고 큰 덕을 베풀었던 산이다. 마을 뒷동산 앞동산을 전부 거느리며 비구름을 쏟아붓고 눈을 며칠 동안이나 퍼붓기도 하는 산이다. 하지만 시루봉은 땔감과 나물이 가득한 곳간이었고 동네 어른들의 일터가 되고 농지가 되기도 했다.

중복이 막 지난 무렵이었다. 길어지고 심해져만 가는 어머니의 병환 속에서 나는 억지 휴가를 내고 고향을 찾았다. 어릴 적부터 마음에 품고 있었던 덕태산德泰山을 거쳐 시루봉까지 다녀오고 싶어서였다.

등산로에 접어서자 덕태산은 이놈 기다렸노라, 왜 이제야 찾았느냐며 호통치는 듯 곧추서 있었다. 중복 한낮의 태양까지도 길 따라 늘어선 암벽을 뜨겁게 달궈놓고 덩달아 서 있었다. 능선에 올랐으나 바람 한 점 없었다. 중복더위에 달궈진 암벽은 능선 바람마저 앗아가 버렸다. 터져버린 땀샘은 닫힐 줄 몰랐다. 머리에서 허리 밑 속옷까지 축축했다. 성벽 바위를 지나 정상에 이를 때까지 뜨거운 숨을 진정시킬 수가 없었다.

깎아지른 덕태산 능선 길을 기기 시작한 지 두 시간여. 초라한 표지석 하나가 덕태산 정상임을 알려주었다. 표지석을 잡고 멀리 산 아래를 보았다. 크게 에둘러진 산줄기 사이로 손바닥에 올릴 수 있을 만큼 작아진 고향 마을의 집들은 희미하게 점점이 보일 뿐이었다.

가쁜 숨을 고르고 갈 길을 보았다. 먼 너머로 떡시루를 엎어놓은 듯한 산이 보였다. 저 산이 어머니께서 산뽕을 따러 다니고 고사리를 꺾으러 다니셨다는 시루봉이란 말인가. 저리 까마득한데….

어머니께서는 우리 비알밭으로는 두 장도 벅찬데 석 장 반에서 넉 장까지 누에를 치며 가사를 일으켰다고 한다. 당신은 누에가 우산에 작은 빗줄기가 부딪치듯 사각사각 뽕을 먹어대기 시작하면 시루봉을 올려볼 수밖에 없었다. 당신은 주먹밥을 칡 순에 말아 허리춤에 차고 종일 덕태산과 시루봉을 오르락내리락하며 산뽕을 땄다. 뽕 자루가 빵빵해지고 해가 서녘 하늘로 줄달음질치기 시작할 때쯤에야 급한 걸음을 옮겼다.

잠깐만이라도 쉬지 못하고 얼굴이 붉어지고 동맥이 튀어나오는 고통을 참아가며, 종일 엄마만을 기다리며 먼 산을 보고 있을 오남매 생각에 뛰다시피 내려오셨으리라. 바람 한 점 통하지 않는 나일론 옷은 몸에 칙칙하게 달라붙어 땀으로 목욕을 하였을 것이다.

덕태산에서 시루봉에 이르는 길은 내게도 쉬 열어주지 않았다. 예전 같으면 먼 타향의 인삼밭과 바다 갯벌에 있을 산죽과 갈대가 등산로를 가로막고서 지난 시린 날들을 굳이 꺼내 들게 하느냐며 내 발길을 막아섰다. 희미하게나마 남아 있을 아버지 어머니의 발자취마저 흐릿하게 했다.

길을 헤쳐 가며 올라선 시루봉의 정상은 평퍼짐한 관목 군락지였다. 내 허리춤까지 자란 고사리와 취나물이 지천으로 널려 있다. 시루봉은 봄마다 올라오시던 어머니와 겨울 채비로 오시던 아버지가 생각났는지 갑자기 구름을 일으켰다. 때마침 어머니의 땀 냄새가 가득한 정상의 바람이 부드럽게 스쳤다.

나는 고향 마을 쪽을 보았으나 덕태산이 막고 있었다. 덕태산 아래 쪼그리고 있는 고향 마을까지는 언제 가려나. 정상을 조금 비켜 서 있는 외로운 이정표가 고향 마을까지 자그마치 이십여 리가 넘는다고 알려주고 있다.

덕태산德泰山: 전라북도 진안군 백운면에 있는 높이 1,113m의 산

시루봉: 진안군 백운면과 장수군 천천면에 걸쳐 있는 1,143m의 산

갑사 가는 길

학창 시절, 이상보의 「갑사로 가는 길」을 접했다. 하지만 대학시험이 끝나고 나서는 내용은 고사하고 제목조차도 잊었는데 갑사는 부지불식간不知不識間 마음속에 좌정하고 있었나 보다.

나는 군산에서 서울에 올라 다니면서 수없이 마곡사란 이정표를 스쳐 지났지만, 마곡사 일주문 너머에서 본 안내 글에서 벗어날 수가 없었다.

모처럼 맞은 휴가 끄트머리. 아침부터 부산하게 움직였지만 늦은 점심시간에야 갑사甲寺란 길 안내를 맞이했다.

귀하게 얻은 시간, 쉬 다가갈 수 있는 곳이 아니란 생각에 주변 관광지를 둘러보느라 뜻하지 않게 늦어버렸다.

갑사로 가는 길에 들어서자 아름이 넘는 은행나무가 일렬로 마중 나와 감수성 짙은 고교 시절로 나를 이끌었다.

한여름인데도 내 마음을 노랗게 물들였다. 아, 얼마나 그리던 곳인가.

주차장 끝에 있는 작은 다리 앞에 '갑사 가는 길'이란 안내판이 보였다. 부처님께 다가가는 심정으로 조심스레 다리를 건넜다. 역시나 일주문 앞 가게에선 음식 냄새가 발길을 잡았지만, 마주 선 일주문이 이미 내 오감을 마비시켜 서둘러 피안에 들게 했다.

일주문의 '계룡산 갑사'란 현판이 낯설지가 않았다. 일주문에 들어섰다. 마을 뒷산의 작은 암자에 산책을 나온 기분이었다.

일주문에서 이어지는 5리 길이 호랑이가 열 번이나 장가를 갔을 한여름 소나기가 무더위와 삶의 무게에 짓눌려 숯검정이가 돼버린 나를 촉촉이 적셔주었다. 끈적거리던 몸과 마음이 어느새 차분해졌다.

길게 뻗은 길을 따라 늘어선 천 년을 훌쩍 넘긴 듯한 아름드리 떡갈나무는 둥치에 이끼를 이고 조각하늘도 허하지 않았다. 사이사이 단풍나무 군락은 작은 바람에도 푸른 손을 연방 흔들다가 무에 그리 부끄러운지 금세 양 볼에 홍조를 띠더니만 얼굴 전체가 붉어졌다. 고즈넉한 산방에서 묵언 수행하고 있는 고승 뒤에서 땀에 흠뻑 젖어 재롱을 떨고 있는 동자 같았다. 드디어 지그시 눈을 감고 정진하던 고승이 동자의 재롱에 설핏설핏 작은 미소를 짓는다.

노란 은행잎의 잔상이 채 가시기도 전에 아직은 진록의 단풍잎이 마음속에 빨갛게 내려앉더니 푸른 잡목과 어울려 어느새 대웅전의 단청이 되고 벽화가 되었다. 그곳에서는 잡목도 사념이 끼어들 틈을 주지 않고 여백을 꽉 채우고 있었다. 잠시 세속을 접으니 천년의 세월 동안 그 자리에서 피안의 세계에 다가가는 보살의 마음을 헤아리고 세속 사世俗事 들어주었을 떡갈나무에 부처님이 들어앉아 있었다.

부처님은 법당 안에만 있는 것이 아니었다. '만약 빛으로써 나를 보려 하거나 음성으로 나를 구하려 한다면 이 사람은 삿된 도를 행하는 자라 여래의 참모습을 볼 수 없느니라'라는 금강경 사구게金剛經 四句偈가 떠올랐다.

춘마곡추갑사春麻谷秋甲寺라! 비단 이 말에 현혹되어 찾은 갑사가 아니었다. 갑사와 나와의 질긴 인연은 한때 내 삶의 좌우명이었던 '내 마음이 곧 부처요心卽佛'를 깨우쳐주기 위함이었던 것 같다.

처서가 낼모레다. 갑사 5리 길의 단풍이 그려진다. 다시 찾았을 때 떡갈나무에 내려 계시던 부처님을 다시 볼 수 있을까. 이상보님의 「갑사로 가는 길」 그 길을 따라 동학사에서 남매탑, 금잔디고개를 넘어 갑사에 다녀와야겠다. 마음 한구석을 차지하고서도 다가서는 문을 쉬 열어주지 않은 무슨 연유가 있겠지.

마곡사 그 길에는

백제인의 혼을 찾아 떠난 여행길에 마곡사를 찾았다. 주차장 인근은 파전 냄새, 막걸리 냄새에 찌든 여느 속세와 다름없었지만, 일주문을 지나 경내로 천천히 이어지는 길에서는 어디 하나 세속의 티를 찾아볼 수 없었다.

경내에 이르는 길은 차분했다. 고찰에 들어서는 길이 아니라 동네 산책로를 걷는 것 같았다. 태화산 마곡사麻谷寺. 일주문을 들어설 때 미워할 사람도, 집착할 물건도 모두 놓아버리고 본연의 마음으로 부처님께 다가가야 한다기에 잠시나마 세속의 끈을 놓고 싶었다. 발걸음이 가벼웠다.

으레 버티고 서 있을 반듯한 둥치에 의기양양하거나 독야청청하다고 으쓱대는 나무들도 보이지 않았다. 다만 천 년은 그 자리를 지켰을 정자나무들이 앙상한 가지를 제멋대로 드러낸 채 아직도 근심을 놓지 못하고 빠른 걸음을 옮기는 중생들을 물끄러미 지켜

볼 뿐이다. 저 밑 상가의 파전 부치는 달콤한 냄새가 유혹하여도, 구수하게 막걸리 냄새를 풍기는 사람이 지나가도 말이 없다.

일주문에서부터 반듯한 길은 태화천이 굽이치자 못 이긴 척 휘어진다. 제법 넓은 것이 아직 경내가 멀 것 같다. 태화천은 얼음을 걷어치우고 사이사이 제법 큰 속내를 드러내고 있다. 지난해 성긴 상처가 말끔하다. '이제 시작인가 보다. 저 산 중턱에나 가야 천왕문이 나오겠지.'라고 생각하며 걷는데 바로 건너에 경내가 보인다. 신라 시대에 창건된 본산 고찰이라 했는데 의외다. 건너에서 본 경내는 크고 요란스럽지 않다. 고만고만한 건물들이 오종종하다.

하천을 따라 크게 굽이치는 길 끝에 암자로 가는 길과 경내로 들어가는 길이 갈린다. 길은 자연스레 부처님 세상으로 이어진다. 작아진 하천 위 돌다리를 건너 경내에 들어서니 소나무 무리가 허리를 꼬아가며 맞이한다. 날씨가 잠시 풀렸다지만 소한이 이제 막 지났다며 항변이라도 하듯 회색빛으로 가까스로 버티고 있다.

가까이 해탈문이 있고 연이어 천왕문이 보인다. 어느 사찰에서나 볼 수 있는 사천왕이 눈을 부라리더니 반배에 흰 이를 드러내며 반긴다. 사천왕마저도 부드럽다.

천왕문을 나와 고개를 들었다. 바로 앞에 극락교, 범종각, 요사 채, 선방 등이 연이어 있고 멀리 대웅전이 보인다.

마음을 다시 추스른 후 극락교 앞에서 반배를 올리고 고개를 드니 오른쪽 큰 물푸레나무가 나를 잡는다. 속이 다 썩어서 피골이 상접한 채 용케도 걸 생명줄 따라 버티며 열반에 들 준비를 한 노거수다. 절집에서 할 소임이 아직 남아 있는지 생명줄을 간신히 붙들고 있다.

극락교 밑 하천은 두꺼운 얼음으로 소리 죽이고 눈을 인 채 동자들의 놀이터가 된 지 오래인 것 같다. 신발 자국과 썰매 자국이 선명하다. 타는 사람은 없지만, 다리 밑으로 대여섯 대의 썰매가 보인다. 불자들을 위한 배려인지, 속세의 찌든 때 다 버리고 썰매를 타듯 부처님 전에 다녀가라는 뜻인지 그 마음 헤아릴 수 없으나 보는 것만으로 편안하다.

관세음보살님의 은덕이 가득한 마곡사 길. 그 길에는 부처님이 마중 나와 있다.

아, 백제금동대향로여

국립부여박물관에 이르자 백제인의 슬픔이 뼛속 깊이 아려온다. 상석 거북이는 연인을 애타게 기다리듯 고개를 살짝 비틀어 올린 채 서 있다. 나당연합군의 말발굽 소리를 품은 당나라 장군의 비문은 나를 더욱 애달프게 한다. 웅장한 겉모습과는 달리 박물관 추녀마루는 백제 여인의 늘어진 치맛자락을 살짝 들어올린 듯 자연스러우나 왠지 연약하게만 느껴진다. 백제금동대향로를 뵙기 전까지만 해도 그랬다.

박물관에 들어서니 부여 및 익산 일원에서 출토된 많은 유물이 전시되어 있다. 삼국 중에서도 일찍이 찬란한 문화를 꽃피웠고 신라, 일본 등 주변국에 학문과 예술을 전수해 주었다는 것을 유물들은 애써 전하고 있지만 말 못하고 참아온 눈물을 글썽이고 있는 것 같다.

유물은 온전한 것이 드물었다. 대부분 깨진 조각들을 붙여 그

형태를 복원한 채로 역사의 아픔을 그대로 드러내고 있었다. 제사나 굿을 할 때 토기를 깨고 매장하는 관습이 있다고 애써 설명하고 있지만…. 문화재 발굴을 주관한 모 사학자가 기증한 유물들로 가득 차 있는 전시관에는 하나같이 다양한 모습의 걸작들이 온전한 채로 있다. 그 수만 해도 몇백 점이 되었다. 아이러니하다.

박물관 중간쯤에 정사각의 특별전시실이 있다. '백제금동대향로'를 모셔 놓았다. 그저 '제법 큰 금동향로구나, 멋지네.'라고만 생각하고 지나친다. 그러나 바로 옆 체험실습장에 전시된 대향로 모형을 가까이서 보는 순간 동공이 향로 안으로 빨려드는 것 같다. 한동안 눈을 깜박일 수도 없다.

금동만 아닐 뿐 실물 그대로 만들어 놓았다. 조심스럽게 손길을 내민다. 표현이나 양각된 부분 부분이 어찌 그리도 섬세할까. 엉겁결에 뚜껑을 올려보았는데 신기하게도 뚜껑이 열린다. 뚜껑에 있는 배연구排煙口에서는 백제인들이 피워 놓은 향냄새가 나는 것 같다. 그윽하면서도 깊은 냄새다.

과연 사람이 만들었단 말인가! 크기도 크기지만, 백제인의 세계관과 혼이 그대로 녹아 있는 예술의 결정체요 선인들께서 후대에 선물한 최고의 유산이다. 다시 전시실로 발을 옮겨 위대한 선조께 경의를 표한다.

모형 전시관과 홍보 영상관, 실물 전시관 오가기를 몇 번. 내 모습을 지켜보던 해설자가 따라붙는다. 그분은 자부심이 대단하다.

대향로는 한 마리의 큰 용이 용틀임을 하는 형상으로 몸통을 받들고 있고, 몸통은 갓 피어나려는 연꽃 봉오리의 모양을 하고 있으며 뚜껑 부분의 꼭대기에는 봉황 한 마리가 날개를 활짝 펴 날고 있다. 큰 용이 받치고 있는 다리 부분에는 백제인의 과학이 숨어 있다. 용은 한쪽 발을 치켜들어 역동적인 모습이며, 나머지 세 다리와 꼬리로 둥근 원을 만들어 안정되게 몸통을 받치고 있다. 얼핏 보면 둥글게 말아 전체가 바닥에 닿아 있는 듯하나 자세히 보니 세 부분만 바닥에 닿아 있다. 균형을 잡는 데는 세 발이 네 발보다, 아니면 통째로 닿는 것보다 안정되다는 원리를 이미 선조께서는 터득하신 것 같다.

몸체의 연꽃잎은 3단으로 중국 동쪽 바다 가운데에, 불로장생의 신선들이 살고 있다는 삼신산을 상징적으로 표현하고 있다. 각 연꽃잎의 중앙 및 사이에는 신선으로 보이는 사람들과 날개 달린 물고기, 물가의 생활과 밀접한 관련이 있는 동물들이 새겨져 있다.

대향로의 뚜껑에는 이 향로에서 표현하고자 하는 내용과 주제가 가장 잘 집약되어 있다. 뚜껑 위 장식은 임금이 선정을 베풀 때 나타난다는 상상의 동물인 봉황이 여의주를 물고 날개를 활짝 펴고 있다. 군주에게 선정을 베풀라는 백성의 엄한 명령 같기도 하고, 선정을 베풂으로써 백제인이 하나 되어 그 기상을 만국에 떨치자는 맹세 같기도 하다.

뚜껑은 삼산형의 문양대로 장식되어 있다. 제일 윗단에는 거문고, 북 등을 연주하는 5인의 주악선인奏樂仙人이 있고, 그 아래에는 5개의 산봉우리에 원앙이 한 마리씩 앉아 있다. 산 밑으로는 갓 터지기 시작한 연꽃봉오리의 꽃잎과 같은 모양으로 삼산이 베풀어져 있다. 삼산과 그 계곡에는 호랑이, 사슴, 코끼리 등의 동물과 신선 등의 인물상이 있다. 이 밖에도 나무와 바위, 산 중턱을 가르며 난 산길, 산 사이로 흐르는 시냇물, 입체적이고 사실적으로 묘사된 폭포 등이 있다. 시냇물에서 머리를 감는 여인상을 보는 순간 설핏 웃음이 난다.

이상향의 세계와 현실 세계의 기막힌 조화다. 향로는 선정으로 백성의 화목과 국가의 번영을 기원하는 축원의 뜻을 담고 있는 듯하다.

백제금동대향로는 백제인들의 정신세계와 예술적 역량이 함축된 백제 공예품의 진수였다. 박물관을 나오는데 어깨에 힘이 들어간 나를 느낀다. 백제금동대향로. 이 위대한 예술품을 어느 국보급 문화재와 비교하랴.

다른 유적지로 가는 길목 및 건물 외벽 등 곳곳에 커다란 대향로 사진과 모형이 눈에 띈다. 부여를 대표하는, 아니 백제예술을 대표하는 문화재이다. 텔레비전에서도 백두산, 한라산, 독도, 무궁화와 함께 우리나라를 대표하는 상징물로 보여주곤 한다. 그 위대한 예술혼을 접하기 전까지는 그저 또 다른 신라 유물 정도로만 알았다. 하지만 이제는 그 화면을 볼 때면 백제인의 높은 예술혼과 깊은 정신세계를 되새길 것이다.

하소연

이태 전 하소백련축제 때 김제 청운사를 처음 찾았다. 큰길 삼거리, 고래논을 따라 층층이 펼쳐진 백련 무리, 백련지다. 홍련보다 선뜻 마음에 닿거나 매혹적이지는 않지만, 그 단아하고 정갈한 차림새는 속 때가 짙게 밴 나를 씻기에 충분했다.

백련 밑에 쭈그리고 앉아 렌즈에 백련을 담았다. 파란 하늘에 그 실핏줄마저 훤히 들추면서도 단아하고 정갈한 자태와 고결함을 흩트리지 않고 살살 연한 바람을 타며 부처님 법을 행하고 있었다.

백련지 위, 작은 산허리쯤에 대웅전이 있다. 법당 안은 온통 백련 탱화다. 백련지를 법당 안으로 모시어 부처님 법으로 다시 태어나게 했으리라. 법당을 나서자 앞마당 나무엔 '생과 사'에 대한 글귀가 한 문장씩 대롱대롱 매달려 있고 마당 한편에 뾰족한 목조 집이 있다.

바로 '하소연방'이다. 하소연이라. 하소연?

궁금증이 부지불식간 내 몸을 그 집 앞에 옮겨 놓았다.

헐겁게 닫힌 문이 잔바람에 흔들거리며 내 마음의 문을 살살 흔들어댔다.

'살다 보면 힘겨운 날이 많습니다. 살다 보면 버릴 것들이 생깁니다. 살다 보면 하소연하고 싶을 때가 많습니다. 힘을 덜어내십시오. 버릴 건 버리십시오. 하소연에서 하소연하십시오!'란 안내글이 있었다. 한참을 버티고 서서 마음속에 한 자 한 자 새기다가 나무 문고리에 손을 가져다 대니 문이 사르르 열렸다.

'하소연방'에 한 발짝 들어가니 가장 깊은 곳에서 부처님이 부드럽고 편안한 미소를 발하고 있다. 부처님 앞에는 항아리가 묻혀 있다. 항아리 뚜껑에 빙 둘러 쓰인 '하소연할 일이 있으면 여기에 다 놓고 가라.'는 말이 마음을 풀어헤쳤다. '그렇겠네요. 이해하네요. 나에게 하소연하고 싶은 것 말로써 다 풀고 일상으로 돌아가세요.'라고 부처님이 말씀하시는 것 같다. 마음속의 작은 응어리마저 다 풀어졌다.

부처님께서 뭇 중생들의 어려움을 굽어 살피시니 마음껏 하소연하고 억울한 마음을 풀고 돌아가라는 것 같다.

그 후 김제 청운사를 자주 찾는다. 처음 찾았을 때 대웅전 마당 귀퉁이에 뾰족한 목조 집, '하소연방'에서 이미 굳어 돌덩이가 되어버린 마음의 응어리를 푼 때문이다.

삶은 갈등과 선택이라는데. 하소연할 일은 내 속에서 갈등이 일고 나의 잣대만이 곧다고 믿을 때 일어나는 것 같다. 이때 하소연할 수 없다면 응어리가 굳어져 속병이 될 것이다. 길 가는 누구에게라도 아니면 바람 따라 정처 없이 흐르는 구름에게라도 하소연을 하고 싶은 것이 사람의 마음이지 않은가. 응어리를 풀고 또 갈등하고 선택하며 살아가는 것이 인생 아니던가.

하소연은 마음속의 응어리를 푸는 것이요, 하소연을 듣는 것은 응어리를 풀어주는 것이다. 억울하거나 잘못된 일, 딱한 사정 따위를 호소하는, 흔히들 말하는 주저리나 푸념보다 더 큰 희망이요 의욕이요 재도전이며, 어떤 일을 제자리로 돌리는 것이다.

인적이 드문 시골길 양지바른 돌담 앞에서 어쩌다 길 물어보는 이방인에게 지나온 세월을 하소연하는 어르신들을 만나면 열일 제쳐놓고 말동무 되어 드리련다. 도회지 길거리에서 한 줌의 푸성귀를 펴놓고 지는 해에 발 동동 구르는 할머니 곁에 앉아 하염없이 세상사 나누련다.

오늘 하루도 탈 없이 저물어간다.

허위 가마

"좋겠네. 장가 두 번 가겠네!"

어릴 적부터 자주 듣던 말이다.

사실 내 정수리에 있는 허위 가마는 소나무가 '떼끼 요놈!'하면서 옹이 지팡이로 내리친 것인지, 참새가 교훈으로 준 것인지 알 수 없지만, 그 훈장을 받은 그날을 잊을 수가 없다.

나와 동네 친구들은 초등학교에 막 들어가서 얼마 동안은 운동장 주변에서만 빙빙 맴도는 조연이었으나, 동네 '잿마당'에서만은 무대 전체를 누비는 주연이 될 수 있었다.

우리는 학교 운동장에서 면 소재지와 고학년 아이들의 눈치를 보며 이리저리 치이느니 수업이 끝나자마자 마당으로 달렸다. 잿마당은 어머니께서 집 앞 신작로에서 손짓을 하면 '그만 놀고 오라'는 것임을 알아차릴 수 있는, 바쁜 해거름에 서쪽 내동산이 붉게 물들기 시작할 때 우리 집에서 피어나는 흰 연기를 신호로 제일 먼저 달려가 구수한 누룽지를 차지할 수 있는 동네 어귀에 있었다. 그곳은 듬성듬성 묘소가 있지만, 잔디가 잘 다듬어져 있었고, 에둘러서는 술래잡기할 때 그 뒤에 숨으면 안성맞춤일 정도의 큰 소나무가 말없이 우리를 지켜주는, 학교 운동장보다 더 넓어 보이는 우리들만의 놀이터였다. 비료포대 썰매장이다가 축구장이 되기도 하고 꼴을 베도 표시 나지 않는 목장이기도 했다.

얼었던 대지를 들어올린 연록의 푸새가 진록으로 물들기 시작할 즈음이었다. 애꿎은 소를 탓하며 꼴망태를 메고 투덜거리며 잿마당에 막 들어서려는데 소나무 위에서 참새 소리가 났다. 그 소리는 뒤뜰 감나무나 앞마당에 쌓아 놓은 볏단에서 이리저리 푸드덕거리며 방정맞게 놀려대던 그런 소리가 아니었다. 부르튼 각질을 벗고 붉은 속을 드러내기 시작한 소나무 위를 고개를 젖히고 눈을 부라리며 올려다보았다. 둥지에 올라탄 참새가 있었다. 안에서 정신없이 울어대는 새끼 소리에 어미가 방아를 찧는 것인지, 아니면 어미의 방아에 맞춰 새끼가 울부짖는 것인지 소나무 가지도 연실 흔들거렸다. '짹짹 짹짹' 정신없이 울어대는 소리로 봐서 몇 마리의 새끼가 새집 안에 있는 것 같았다. '그래, 새끼를 잡아다 키우자.'

친구들이 부르는 소리를 막고 꼴망태를 집어던지고서 소나무에 오르려고 발버둥쳐봤으나 생각뿐, 그 소나무는 꼬맹이가 안고 오르기엔 너무나도 둥치가 컸고 미끈하게 쭉 뻗어 있었다. 조그만 참새 녀석, 영악하기도 하지. 조그만 녀석이 생존의 방도를 깨우친 것인지….

'그래, 새집을 떨어뜨리자.'라는 생각에 꼴망태에 돌멩이를 담아 소나무 밑에 쌓아놓고 용을 써가며 새집을 향해 던지기 시작했다. 그러나 내 돌팔매질로는 가당치도 않았다.

씩씩거리며 참새 집을 살피던 순간이었다. 무엇인가 퍽하고 정수리에 떨어지더니 욱신거리기 시작했다. 어찌나 아픈지 울음도 나오지 않았다. 소나무 잔가지 사이에 간신히 올라타 있다가 그 밑에 내가 오기만을 기다린 것인지 하필 그때, 그곳에 정통으로 떨어진 것이다. 마른하늘에 날벼락이지. 정수리를 만져보니 남봉이 나 있었다.

땀샘도 놀랬는지 온몸의 땀은 몸을 추적하게 적셨다. 콧등과 볼이 따끈하고 따끔거려 닦아 보는 순간, 이런! 손바닥에 선혈이 낭자했다. 눈이 정신을 지배한다고 피를 보고 나니 눈물이 뚝뚝 떨어지기 시작했다. 다시 정수리를 만져보았다. 남봉은 잿마당 제일 위쪽에 있는 묘소만큼이나 솟아났고 손에 핏덩이가 잡혔다. 제대로 터져버린 것 같았다.

일단 틀어막고 집으로 달려야 한다는 생각밖에 없었다. 정신없이 쑥을 뜯어 돌로 짓이긴 후 큰 쑥떡을 만들어 정수리에 얹고 목이 터져라 "엄마, 엄마!"를 불러대며 달리기 시작했다.

그 덕에 지금까지도 된장 냄새에 익숙하게 되었고 졸지에 가마 하나를 더 갖게 되었다.

5

사계

꼰지발 선 벚나무

사무실 앞에는 멀쑥한 벚나무 한 그루가 있다. 오늘도 커피 한 잔 들고 그 나무와 아침인사를 나눈다. 해소수 만에 우리는 좋은 친구가 되었다. 이젠 심정이나 건강상태까지도 다 아는 사이가 되었다. 물론 그 옆으로는 제법 큰 소나무 몇 그루와 단풍나무, 철쭉나무 무리가 멋을 내고 있지만 나는 멀쑥이 벚나무에만 눈이 간다.

멀쑥이는 태생이 그래서인지 겨울이 채 가기도 전에 꽃망울을 맺더니 어느 순간 하얀 꽃송이를 듬성듬성 피워냈다. '어! 멀쑥이도 꽃을 피웠네.' 기특하여 칭찬을 하자, 쑥스러운지 며칠을 견디지 못하고 비 오듯 우수수 꽃잎을 떨어뜨렸다. 꼰지발을 서서인지 여름 한철 멀쑥이는 여느 나무보다도 싱그럽더니만 가을이 무르익기도 전에 파란 나뭇잎을 벗어던지고 성급히 겨울로 내달음질치는 급한 성질머리가 꼭 나를 닮았다. 그래서일까. 한 해 내내 멀쑥이는 나의 주 관심사가 되었다. 출근하자마자 인사 먼저 나누고 퇴근할 땐 잠깐의 헤어짐을 못내 아쉬워한다. 마음이 통했을까. 우리는 자연스레 친구가 되었다. 멀쑥이는 내가 의기소침해 있을 때 힘을 준다. 자기 같은 처지에도 의기양양하게 버티고 있는데 무슨 소리냐며 나를 나무란다.

그는 양지바른 비옥한 묘목장苗木場에서 옹기종기 모여 좋은 곳으로 시집갈 날만 기다리며 자라고 있었단다. 어느 날 몇 명의 사람들이 오더니 튼실한 몇몇에게 하얀 띠를 두르고 갔고, 그날 밤 그는 설렘에 밤잠을 설쳤다. 그러나 며칠이 지나고 시끄러운 소음과 매캐한 냄새에 선잠 깨어보니 도롯가에 꾸어다 놓은 보릿자루마냥 있더란다. 대부분이 양지바르고 차량 통행이 적은, 그나마 기름진 땅에 심어졌지만 멀쑥이는 대로 사거리—차량이 많고 바닷바람이 유난히도 세게 몰아치는— 남쪽으로는 고층 건물들이 연달아 있어 볕뉘조차도 운이 좋아야 볼 수 있는 곳에 심어졌단다.

그는 가지가 너무 성겨서인지 한동안 넓은 세상 소식을 듣고 싶어도 새를 붙잡을 수도, 바람을 잡을 수도 없었다.

다른 나무처럼 조금의 볕뉘도 그리워 쉼 없이 키를 키우고, 정신없이 가지를 뻗으려 발버둥을 쳐보기도 했지만 매번 허사였다. 펵도 시리고 침울하였다.

그런 그에게도 시간은 약이었다. 매일 위안거리를 찾았다. 세찬 골바람이 다른 나무 손과 팔을 부러뜨린다 해도 그럴 염려도 없다. 누군가 밤에 몰래 쓰레기봉투를 세워 놓는다 해도 아침이면 치워주고 때때로 가지치기도 해주는 관심의 대상이라는 데 안분하고 있다. 홀로 외딴 숲에서 정신없이 생존경쟁만 하는 다른 나무에 비하면 볼거리도 많고 주변에서 사건사고가 가시는 날이 없기에 외로움을 모르고 살고 있다. 누군가 땔감으로 벌목할 염려도 없으니 얼마나 다행인가. 바람이 불면 흔들리면 되고, 찬 서리 내려 세상이 얼어붙으면 잠시 얼었다가 녹으면 되고, 눈보라 칠 때면 눈을 얹은 채로 행인들의 시선을 사로잡으면 된다. 봄이 와서 다른 벚나무들이 꽃을 떨어뜨릴 때쯤 느지막하게 듬성듬성 몇 개의 꽃만 피워내면 돋보일 테니 이 또한 행운이지 않은가. 생각해보니 별뉘조차 구경하기 힘든 가로수도 한편으로는 존재의 의미가 있고 행복한 면이 있다는 생각이 든다.

오늘도 주변과 조화를 이루며 세상의 한 일원으로 당당히 서 있는 멀쑥이를 보며 내 자신을 돌아본다. 있는 자리에 안분하지 못하고, 주변은 아랑곳하지 않고 모두 나를 위한 주변인으로만 생각하는 '나'라는 존재. 내가 가진 것에 만족하지 않고, 가지지 못한 것만을 좇는 삶을 산 것은 아닌지 뒤돌아보게 한다.

봄비

경칩이다. 때맞춰 아침부터 비가 내린다. 야박하거나 넘치지 않게 먼지 씻고 언 땅 녹일 정도로만 내리고 있다.

이맘때쯤 내리는 봄비는 언 땅 시리게 만드는 겨울비나 오뉴월 내리는 장대비와는 그 격이 다르다. 세상을 들뜨게 하지도, 소란스럽게 하지도 않는다. 봄비는 그저 자비로운 마음으로 세상 품속에 들어 일일이 잠 깨우느라 밤을 지새우기 일쑤다. 영원히 깨어나지 않을 것만 같던 대지를 봄비가 조심스레 흔들면 떠난 사람이 그저 말없이 돌아올 것만 같은 희망이 인다. 메마른 가슴이 얼어붙어 실금이 가고 터져버릴 때쯤 그리움을 촉촉이 녹여주는 봄비는 숨죽이며 때를 기다린 생명을 깨운다.

겨우내 한쪽으로만 세차게 불던 바람은 봄비가 올 때쯤엔 종잡을 수 없이 어지럽게 분다. 하지만 그 바람은 허리를 꺾어버릴 정도로 무자비하지는 않다. 모로 누워 바람을 등지고 피하기만 하던 나무들도 이때는 조금씩 기지개를 켜기 시작한다.

봄비에 설레지 않는 사람이 있을까. 나는 사무실 출입문에 우두커니 서서 봄비 내리는 세상을 본다. 거무칙칙하던 도시가 밝은 회색으로 깨어난다. 빌딩 숲 너머 머리를 드러낸 산도 겨우내 쌓인 먼지를 걷어치웠는지 맑기만 하다. 산 들도 이미 잠에서 깨어 봄을 채비하고 있는 듯하다.

나는 정처 없이 길을 나서 봄비를 맞는다. 아직은 겨울을 떨쳐내지 못했는지 봄비가 차갑다. 마음과는 달리 빨라지고 있는 발걸음을 잡으려 나는 우산을 편다. 그제야 마음은 진정되고, 도로 틈새, 길섶 푸새 더미 속에서도 듬성듬성 푸른 잎을 슬며시 올리고 있는 성미 급한 풀들이 보인다.

누워버린 햇빛 몇 줄기와 얇게 내리는 봄비가 용케도 깊은 그 속까지 스며들었나 보다.

내 마음에도 봄이 솔솔 타오른다. 식탁에서는 돌나물 향기가 톡톡 튀고, 그간 틈틈이 눈여겨보았던 야산의 고사리밥 주위에서 땅이 들썩거리는 것 같다. 가던 길을 멈추고 나는 멀리 언덕 너머에 있는 야산을 본다.

그래, 어서 고사리비야 내려라. 내 마음속엔 작달막한 키의 사내가 이미 계절을 뛰어넘어 찔레꽃머리를 달린다. 그는 비가 내리자 모든 일을 접은 채 산에 오른다. 그는 때마침 오는 고사리비를 알아채고 별 준비 없이 사무실에서 곧장 산에 올랐으리라. 비가 갠 후에 서둘러 가도 늦지 않을 텐데 그는 애타게 그때를 기다렸나 보다.

그는 산 위아래로 분주히 움직이며 허리를 폈다 굽혔다 한다. 고사리를 꺾는 모양이다. 그는 바지가 찢기고 와이셔츠가 젖어도 낭떠러지와 가시덤불 속도 마다하지 않는다.

그는 손가락만큼 굵은 고사리에 붙들려 벌써 몇 시간째 산 능선을 오르내린다.

지난 십여 년 동안 한 해도 거르지 않고 제사와 명절 고사리를 꺾은 내 눈에 그 또한 단순히 고사리를 채취하는 사람 같지는 않다. 아마 그도 고사리를 꺾는 그 몇 시간 동안 한두 번은 제사상을 받으실 조상님을 생각하였을 것이고, 바쁠 텐데 웬 고사리냐, 다치기라도 하면 어찌하려 그러느냐는 핀잔 속에 숨겨진 어머니의 마음을 읽은 것 같다.

먼 산을 바라보며 너무 오래 서 있었나 보다. 축축해진 구두를 타고 냉기가 바지 밑단에서부터 싸늘하게 올라온다. 번쩍 정신이 든다. 아직은 빗속에 얼음 조각이 섞여 있는 것이 고사리비는 아직 먼 것 같다.

비가 그치고 나면 당분간 날씨가 추워진단다. 그래도 머지않아 봄은 익겠지. 산과 들이 짙어지고 봄꽃들이 잔치를 벌이겠지. 개나리가 피고 진달래도 피고 찔레꽃도 피겠지.

그때, 이 세상에서 나만 알고 있는 고사리 농장으로 모든 일 제쳐 놓고 달려갈 작정이다.

봄이 오는 소리

겨울이 깊으면 봄 또한 가까우리. 입춘이 오자 예서 제서 봄소식을 전하느라 야단이다. 볼을 에던 날씨도 절기를 알았는지 포근하다. 나도 잔뜩 웅크렸던 어깨를 펴고 외투를 벗어던진다. '절기는 거짓말을 안 한다.'는 말에 마음은 봄 문턱을 넘어서고 있다.

길을 나서 차창을 내다본다. 들어오는 바람이 괜찮다. 바람에 온기가 섞여 있고 생명이 느껴진다. 용기를 내어 차창을 내렸더니 아직은 바람이 차다. 시내를 벗어나 속살 훤히 비치는 갈색 산을 다소곳이 지고 있는 작은 동네에 들어선다. 겨울의 끝자락에서 고샅은 얼어붙어 동네 어른 발길을 붙들지만 마을 어귀 둥치를 반쯤 시멘트에 의지하고 있는 당산나무 둥치에선 푸른빛이 감도는 것 같다. 작은 언덕에 있는 소나무도 물을 머금기 시작했는지 연녹색이다. 지난 늦가을 청청한 척 뽐내다 갑자기 몰아친 눈보라에 매달려 잎 떨굴 틈 없이 누렇게 얼어붙어 있더니만 이제 마른 목을 축였는지 우두둑우두둑 기지개를 켜는 소리가 들리는 듯하다.

마을 앞 가느다랗게 흐르는 조심스러운 실개천은 눌러앉은 얼음을 걷어치우고 아장아장 작은 웅덩이로 모여들고 있다. 웅덩이 바로 위, 납작한 바위가 유난히 반짝거리며 어쩌다 올 동네 아낙의 수다를 은근히 기다리며 일찌감치 빨래터를 만들어 놓고 있다.

실개천 너머 내려앉은 작은 들은 두렁에 듬성듬성 쌓아놓은 두엄더미에 설레서인지, 그리던 주인 양반 발걸음 때문인지 점점이 녹색을 드러낸 채 질퍽하게 윤기가 흐르고 있다. 멀리 가을보리가 거친 들바람에 납작 엎드린 채 누렇게 익고 있으나 고운 음률에 발맞추고 있다. 씽씽거리던 들바람과 윙윙거리기만 하던 골바람에 풀 향기를 실은 봄바람이 섞여 있다. 혹한을 견디다 못해 이미 갈색으로 말라버린 잎 끝을 제쳐놓고 속으로부터 새순 돋는 소리가 난다.

차가 꽉 끼는 고샅을 겨우 지나 반쯤 헐린 돌담 너머로 작은 마당이 있는 폐가 앞에서 내린다. 폐가는 대문이 반쯤 열린 채로 대나무 등짐이 무거운지 겨우 버티고 있다. 북적이던 식구들이 그리워 마당은 진창이다. 아직도 식구들의 깊은 정이 밴 대나무 숲에선 쓱싹거리던 마른 잎 소리가 간간이 계곡의 맑은 물소리로 들린다. 날씨가 풀리면 정이 그리워 한 번쯤 찾아올 옛 임 맞이 세안을 하는지 푸른 댓잎은 아침 햇살에 물기를 쓱쓱 닦아낸다.

마을을 감싸고 있는 밭을 가로질러 산길에 발을 살짝 담근다. 구릉 양지 녘에 냉이가 파랗게 기지개를 켜며 하얀 꽃대를 밀어올리고 있다. 얼기설기 뒤엉킨 푸새들은 반쯤 허리 굽히고 새봄에 자리를 내줄 요량이다. 고요하던 산길은 이미 촉촉하게 젖어 생명 맞을 준비에 부산하다. 이따금 불어오는 골바람이 차지만 마음만은 포근하다.

도회지로 돌아오는 길, 라디오에선 개나리며 진달래 개화 시기를 알려준다. 사납던 바람도 다가오는 계절 앞에선 다소곳이 고개를 떨구고 떠날 채비에 부산하다. 빌딩 숲 골바람이 잦아드니 숨죽이던 발걸음 소리가 그 자리를 대신한다. 가벼워진 옷차림에 두 어깨 틈새에 머리를 푹 박고 주머니에 손을 넣은 채 뛰는 모습이 우습다. 한겨울보다 춥다고 엄살이지만, 잿빛 도회지에서도 아지랑이가 모락거리고, 건물 양지 녘 멈춰버린 것 같았던 푸석푸석한 잔디도 덩달아 들썩거리는 것 같다. 빌딩 숲 속 언 땅을 쳐다보며 벌벌대던 하이힐 신은 아가씨들도 이젠 똑똑 소리를 내며 봄바람에 머리칼 휘날리도록 도회지를 활보하리라.

봄이 오는 소리는 가슴에서 눈과 귀를 타고 들려온다.

봄, 생각만 해도 마음이 포근해지고 생기가 돈다. 씨앗이 동토를 뚫고 나오는 소리가 귀에 쟁쟁거린다. 남녘에서 홍매화 벙그는 소리가 들린다.

사월의 산

사월이 되니 움츠렸던 세상이 속살 다 드러내고 활기차고 분주하다. 봄비가 잠든 영혼을 흔들고 나니 예서제서 봄빛이 완연하다. 새순이 빠끔히 세상을 연다는 소식에 놀라 꽃망울을 먼저 터트린다. 앞마당 잔디는 물이 금세 올랐는지 깃을 바짝 세우고, 새들도 이 나무 저 나무로 옮겨 다니며 가슴살을 찌우기에 부산하다. 산비탈 젊은 아낙의 엉덩이만 한 텃밭에서는 꼬마가 엄마의 서툰 호미질에 힘을 보탠다.

사월에는 마음이 괜스레 설레고 연녹색의 산야에 포근히 안겨 보고 싶다. 벚꽃이 봄꽃 전부인 양 우쭐대지만, 시야를 조금만 돌리면 복숭아꽃, 개나리꽃, 진달래꽃, 싸리꽃, 냉이꽃 등이 봄을 보탠다.

새순 바람과 꽃바람은 능숙한 솜씨로 연녹색으로 밑칠하고 차분하게 하나둘 그림을 묘사해 나간다. 진하고 옅음이 자연스러워 어느 하나에 눈을 둘 수 없다. 중간에 소나무 등 상록수가 섞여 있으면 그 그림은 농도 조절에 실패하여 가치가 덜하겠지만 그래도 단색 일색인 여름이나 겨울과는 비교할 수 없는 은은하고 포근한 멋이 있다. 데구루루 굴러도 아플 것 같지 않은 안락함이 있다.

사월의 산은 모든 생명을 잉태하고 아픔마저도 감싸안고 있는 어머니 같다. 모든 자식을 제 뜻대로 잘 키우고자 하는 넓고 깊은 마음이 배어 있다. 할 말이 있어도 속으로만 참고 견디는 절제와 인내를 몸소 실천한다. 뽀얗고 보드라운 아가를 따스하게 안아주고 누구라도 품에 안겨 편안히 잠들게 한다. 언제라도 달려가면 등을 두드리며 먼 길 나설 수 있는 힘을 북돋워 준다.

사월의 산은 때로는 안아주고 싶은 애잔함이 있다. 아직 품속에 있어야 하는데 너무 강하게 키우지 않나 싶기도 하다. 암탉 품속에서 간신히 기어 나오는 미처 제 색을 갖추지도 못한 햇병아리를 보는 것 같기도 하다. 조금 세찬 골바람이라도 불 때면 애써 나온 새순 닫아버리고 품속으로 들어가 버릴것만 같다.

사월의 산속에 들어가 보면 흐드러지게 만개한 꽃을 뽐내는 나무가 있는가 하면, 여린 연녹색의 새순을 살짝 내밀고 있는 나무가 있고, 아직 움이 트지도 않은 채 죽은 나무처럼 의연히 때를 기다리는 나무가 있기도 있다. 타고난 게으름으로 시작이 늦은 나무가 있다. 곧이어 녹음이 우거지면 그 차이를 구분할 수 없지만 이제 갓 시작인 출발선에서 아웅다웅하기도 한다.

사실 나는 서로 제 잘났다고 하얗고 노랗고 빨간 꽃을 피워대며 우쭐대는 녀석들 때문에 봄 산을 별로 좋아하지 않았다. 우리 사회가 그러하듯이 세속 때가 하나도 묻지 않은 아장거리는 봄 산을 바탕에 깔고 점점이 우쭐대는 모습에 괜한 심통이 났기 때문이다.

하지만 언제부턴가 나는 한가득 봄꽃 잔칫상에 춘심이 일되 춘심에 취하지는 않는다. 나이를 먹는다는 징조인가…. 고개를 들어 봄 산을 보기도 한다. 눈앞에서 벌어지는 일에 일희일비一喜一悲하다가도 잔잔히 어우러진 주변을 생각하기도 한다. 초겨울 산은 속살 드러내며 여백을 잘 살린 정적인 동양화이고 가을 산야는 형형색색 빼곡히 덧칠한 유화라면 사월의 산야는 한 폭의 수채화다.

진정한 사군자 그 이름 매화여

매화가 피니 봄이 오고, 봄이 오니 매화가 피는가. 3월 중순에 찾은 산소 옆 매화나무에 매화 딱 한 송이가 피었다.

매섭고 길게만 느껴졌던 겨울의 마지막 몸부림으로 춘분이 지났는데도 폭설이 왔다. 그 매화 한 송이가 머릿속에서 잊히지 않았다. 하지만, 포근해진 틈새에 다시 찾았을 때 매화는 송이송이 봄눈을 가볍게 이고 게으른 꽃망울을 살짝 건드는 간간이 부는 골바람에도 저 건너 양지 녘 벚꽃이 깰까 봐 조심스레 꽃잎을 나풀거리고 있었다. 일찍 핀 꽃 한 송이를 걱정했는데 그 꽃은 전령이었나 보다.

매화는 겨울 끝자락 꽃 시샘 추위가 오락가락할 때 잠시 포근해진 틈을 놓치지 않고 꽃망울을 맺는다. 그 터질 듯한 꽃망울은 봄눈이 녹아 대지를 촉촉이 적실 때쯤에 보란 듯이 터지고야 만다. 참을성 없는 몇몇 녀석들은 꽃망울을 터트리자마자 봄눈을 뒤집어쓴 채 호된 신고식을 치르지만 서리 맞은 가을꽃처럼 맥없이 사그라지지는 않는다.

터질 듯이 솟아오르는 연붉은 꽃망울을 보면 꽃이 크고 매혹적일 것 같은데 뜻밖에 작고 소탈하다. 밑에서 보면 하늘이 보일 정도로 얇아 결백함이 보인다. 꽃술은 꽃잎 밖으로 나올 만치 제법 크다.

매화는 들바람에도 다 쏟아질 것만 같이 연약해 보이는데 그렇지가 않다. 된바람이 채 가시기 전에 피어 변덕스런 봄바람을 이겨내며 그 기상 굽히지 않고 끝내 꽃을 피우고야 만다. 매화가 그리 탐스러운 꽃이 아닌데도 사군자로서 칭송받는 이유 중의 하나가 연약해 보이면서도 강인하기 때문인 것 같다. 부드러워 보이면서도 내면적인 강인함, 즉 내공이 대단한 고결한 꽃이다. 겨울의 끝자락인지 봄의 시작인지 매섭게만 느껴지는 꽃샘추위에도 철없이 필 수 있는 힘이 있다.

돌고 도는 꽃샘바람에/ 하얗게 질린 매화여./ 봄의 전령이여!
이제 눈 비비고/ 잠에 허우적대는/ 저 산 양지 녘 쳐다보다
바람이 시리운지/ 꼭 다문 붉은 입술/ 속살 내보이며 실핏줄 토해낸다

군자여! 고운 자태 숨기고/ 굳은 절개/ 꺾인들 누가 뭐랄쏜가
봄은 아직 멀기만 한데 파르르 떠는 꽃잎에/ 내 마음 아려오네.

매화나무는 강인하다. 볕이 드는 곳이라면 앞마당이건 뒤뜰, 벌판의 진자리 마른자리를 가리지 않는다. 해거리도 심하지 않고 병충해에도 강하다. 햇가지든 묵은 가지든 가리지 않고 나무마다 꽃이 피고 꽃 하나하나는 매실이 되어 결실을 본다. 아주 알차다.

매화는 사군자로 칭송받으면서도 그 열매는 형편없다고 푸대접을 받기도 한다. 하지만, 이는 매화의 고결함을 알지 못하는 꽃만 화려하거나 추한 꼴 당해가며 가을에야 겨우 결실 맺는 부류들의 말잔치이다. 고결한 매화나무는 군자 체면에 장마에 썩어 거름 위를 나뒹구는 추한 꼴이나 뙤약볕에 땀 뻘뻘 흘리는 약한 모습 보이기 싫어한다. 겨울이 가기 전에 서둘러 잠에서 깨어 바깥세상을 신경 쓰지 않고 피어나 좋은 모습만 보이며 충실히 결실을 보고야 만다.

대나무 또한 사군자로서 곧고 강인함으로도 충분히 칭송받아 마땅하다. 하지만, 때를 잘 모르는 것 같다. 곧은 절개 보인답시고 겨우내 무거운 짐 벗지 않고 자랑하다가 눈 무게에 짓눌려 하나밖에 없는 몸뚱어리 갈기갈기 찢어지고, 새봄인데도 혹한에 샛노랗게 질린 잎을 어찌할 바 몰라 헤매고 있다.

소나무도 '독야청청獨也青青'하다고 사군자에 못지않은 융숭한 대접을 받는다. 산마루와 바위틈새에서 모진 풍파에 휘고 꺾일지언정 별 욕심도 없이 세상과 타협하지 않고 휘둘리지 않으면서, 저 혼자 푸르게 산다고 여긴다. 하지만 욕심이 많고 제멋대로이고 적당히 불쌍한 나무이다. 다른 식물과 호기롭게 어울리지도 못하고, 은근히 굽은 등 위로 쩍쩍 벌어진 가지에 바늘같이 가늘고 강직한 솔잎을 매달고 적당히 묻혀 살기를 거부한다. 활엽수 등에 기름진 터전을 잃고 척박한 산마루나 비탈진 바위틈으로 내몰리고, 겨우내 된바람에 잎이 누렇게 질려도 떨어뜨리지 못한 채 제 몸보다도 무거운 눈꽃을 며칠째 이고 있다.

매화는 대나무나 소나무와는 격이 다르다. 때가 되면 무거운 짐 훌훌 털어버릴 줄도 알고, 나뭇잎이 떠나면 다시 올 날의 긴 공허함이나 쓸쓸함과 만남의 설렘을 아는 현자다. 떠난 잎이 돌아올 때 꽃 잔치를 벌이고 미련없이 떠날 줄을 안다.

얼어붙은 산야에서 어둠이 채 가시지도 않은 새벽녘에 깨어나 식구들의 밝은 하루를 준비하는 어머니다. 꽃망울을 기어이 피워내고야 마는 적당한 고집과 용기가 있고 결백하고 충실한 아버지다.

봄의 전령이요 강인한 생명력의 화신으로서 칭송받는 매화, 나는 매화를 진정한 사군자라 칭하고 싶다.

열대야

늦은 밤이다. 책이 머리에서 빙빙 돌기 시작한다. 잠자리에 들 시간인가 보다. 종일 시달린 몸이 먼저 알아차리고 축 늘어져 잠을 재촉하지만 쉬 들지 못한다.

'호웅호웅' 내쉬는 내 숨소리만 들린다. 희미하게 보이는 시곗바늘이 일자를 넘어 허리가 반쯤 꺾여졌는데도 방안의 열기는 작은 선풍기 바람에 제자리에서 빙빙 돌기만 할 뿐 식을 줄을 모른다. 급기야 머리가 맑아지고 신경이 곧추선다.

쓸데없는 걱정거리들을 꺼내 이불 위에 펼쳐놓고 덧대고 자르기를 몇 차례, 다시 작게 접어 머릿속에 넣으려 애쓴다. 책만 읽으면 잠이 온다는 친구의 말이 스친다. 행여나 하는 마음에 책을 펴본다. 과연 효과가 있다. 눈이 아프고 하품이 연신 나온다. 이때다 싶어 가슴에 받쳤던 베개를 머리에 댄다. 허리가 편안하니 머리가 가볍다. 금세 잠이 들 것 같다. 그러나 웬걸.

잡념이 다시 고개를 들더니 눈덩이가 된다. 심지어 내일을 위해 자야 한다는 생각마저 걱정거리에 더해진다. 숫자 세기에 들어간다. 머리가 복잡하여 잠에 못 들면 하나부터 백까지 세어보고, 그래도 잠이 안 들면 거꾸로 세어보라는 말에 도전장을 내밀지만, 보통 신경 쓰이는 것이 아니다. 숫자 속에서 헤매다가 오히려 미궁 속에 빠져 허우적댄다.

잠드는 것에도 신경을 써야 하다니 이거야 원. 바로 누웠다가 엎드리고 좌우로 몸을 돌려가며 큰 병이나 난 것처럼 연신 자반 뒤집기다.

이젠 귓속에서 '윙 우윙' 뇌를 깨우는 소리까지 들린다.

어제에서 시작해 몇십 년 전 짝사랑하던 아이의 얼굴까지 모든 일이 주마등처럼 스친다.

집을 짓다가 부수고 빌딩을 지어보기도 한다. 그러나 잠을 자야 한다는 중압감에 설계가 제대로 될 리가 없고 더욱이 몸이 천근만근이니 공사는 시작도 할 수가 없다. 부숴버리고 다시 그림을 그려보지만 이내 지치고 만다.

다시 숨 쉬는 소리가 들린다. 마음과 정신이란 놈, 통제 불능이다. 더 맑아지는가 싶더니 몽롱해지고 힘들게 잠이 든 것 같은데 급기야 코 고는 소리에 놀라 잠이 깬다. 웃음이 난다.

바람도, 옆집 강아지도 잠든 이 깊은 밤. '턱 턱' 숨찬 소리를 내는 작은 냉장고까지 방안을 더욱 적막하게 만든다.

차라리, 난방비 걱정에 어깨가 시려도 겨울이 그립다. 벽돌을 뚫고 들어온 냉기에 코가 맹맹해져 이불을 당겨야 할지언정 겨울이 그립다. 눈이라도 사르륵사르륵 내리고 겨울바람에 덜컹거리는 녹슨 철 대문 소리에 놀라 짖어대던 복실이란 놈이 제풀에 지칠 때쯤이면 나도 잠이 들 텐데, 조용한 이 열대야의 고요함과 외로움이 땀에 섞여 밀려온다.

우물간 우물마저 말라버린 한여름 마른장마에 도시의 허름한 단칸방에서 이리 잠 못 드는 것이 꼭 끈적한 땀 때문만은 아니리라. 물 한 바가지 뒤집어쓰고, 가로등마저 잠들어 있는 시 외곽으로 나가고 싶다.

내가 세상 전부인 것 같다. 잠을 못 자다니…. 스스로 위안거리를 찾아 헤맨다. 그래, 몸과 생각이 따로인 것은 아직은 내게 젊음이 있다는 것이고 마음이 요동치는 것은 내가 살아 있다는 증표겠지. 하룻밤 잠을 설친들 어떠하리.

적막하고 끈끈한 밤이다.

겨울 속에서

춥다. 올겨울이 작년보다도, 작년 겨울은 재작년 겨울보다도 춥다. 나이를 한 살 한 살씩 더 먹어감에 따라 피부는 두꺼워졌고, 마음은 감미로운 음악을 들어도 감동적인 영화나 드라마 같은 것에도 무감각해지는 것 같은데 추위에는 민감하다. 하지만 나는 겨울이 꼭 싫은 것만은 아니다. 겨울 속에는 치열한 삶이 있고 진한 향수鄕愁가 서려 있기 때문이다.

사실 한 해는 겨울에서 시작하여 겨울로 끝난다. 겨울은 끝이 아니고 출발선이자 도착점인 것이다. 겨울은 다가올 봄날 발아될 씨앗을 단련시켜 여름 뙤약볕에도 주눅이 들지 않고 풍성한 수확을 가져오게 하는 희망이 깃든 계절이며 한 해를 준비하는 프로스포츠 선수의 동계훈련 같은 것이다. 만물이 몸을 움츠리고 잠들어 있는 것 같지만 사실은 이 겨울 동안 자신과 치열하게 싸우고 있다.

겨울은 욕심이 없고 솔직 담백하다. 겨울은 지나가는 바람도 잡지 않는다. 겨우내 응달에 쌓아두었던 눈얼음 더미나 꽁꽁 붙들어 매고 있던 산골짜기 터진 샘물조차도 봄이 되면 미련 없이 놓아준다. 봄이나 가을처럼 눈을 사로잡으려 다툴 줄도 모르고 여름처럼 속을 숨길 줄도 모른다. 할 일 다 하고 다시 맡을 일을 준비하는 모습이 겨울에는 차분하게 다가온다. 속을 다 드러내고 삭풍 한설에 몸을 내맡긴 채 긴 호흡을 하더라도 좀체 서두르지 않는다. 뼛속까지 얼어붙어 뚝 부러질 것만 같은 가지를 보듬느라 애쓰면서도 굳이 내색하지 않는, 무뚝뚝한 사내 같은 계절이 바로 겨울이다.

겨울은 차별할 줄을 모른다. 멋쟁이도 필요 없다. 멋 부릴 틈을 주지도 않는다. 통통하게 껴입고 꽁꽁 싸매고 겨울바람에 맞서면 그게 멋쟁이다. 겨울에는 꽃바람에 성급히 꽃을 피우며 제 자랑하던 벚나무도, 홀로 고향의 역사 간직한 채 말없이 동네 어른들께 지극정성인 마을 어귀 아름이 넘는 둥구나무도, 울긋불긋 세상을 물들이는 단풍나무도 그저 겨울나무일 뿐이다. 철새도 그냥 겨울새일 뿐이다.

겨울은 힘든 계절이기도 하지만 추억이 깊게 배고, 설렘과 아쉬움이 있는 계절이기도 하다. 내 어린 눈에 비친 겨울은 여유롭고 풍요로운 때였던 것 같다. 뒤란 장독 위에는 눈이 수북하고, 창고에는 벼가 수북하고, 안방 윗목 통가리에는 고구마가, 뒤란 큰 장독 안에는 서리 맞은 감이 나를 기다리던 때다. 보리농사야 쌓인 눈더미가 알아서 해주고 장작은 처마 밑에 쌓여 있으며, 불쏘시개가 헛간에 가득하니 무슨 걱정이 있으랴.

겨우살이 준비를 끝내고 나면 따뜻한 아랫목에서 부부간의 정 쌓을 일만 남아 있었던 것 같다. 낮이나 밤이나 방은 따숩지, 몸과 마음도 덩달아 후끈 달아오르지, 그런 게 바로 여름부터 가을 사이 한 집 건너 한 집에서 아이의 울음소리가 끊이지 않았던 이유일 것이다.

여자애들 가슴이 볼록해질 무렵 겨울, 동네 친구들은 매일 밤 한 친구 집 문간방에 모였다. 남녀칠세부동석이라지만 빙 둘러앉아 이불 속에서 발가락을 꼼지락거리며 숫자놀이나 시시콜콜한 이야기로 밤을 지새우다 여명에 놀라 식은 방바닥을 데우던 정을 묻어둔 채 집으로 달려가곤 했다. 이 또한 겨울 맛 아니었던가.

요 며칠 포근했는데, 한파주의보에 눈이 많이 온다는 기상예보다. 겨울이 깊어가니 고향 생각이 자주 난다. 우리가 떠난 고향은 삭풍이 매서울 텐데…. 날씨가 풀리면 고향에 다녀와야겠다. 겨울이 깊을수록 봄소식이 가까이 들린다.

겨울 해바라기

내 사무실은 사철 빛이 들지 않는 북향이다. 봄에서 가을까지는 서늘해서 좋지만, 겨울만 되면 너무 춥다. 특히 막 출근하였을 때는 더욱 그렇다. 밤새 식어버린 콘크리트 벽에서 냉기가 뿜어져 나와 한동안 자리에 앉을 수가 없다.

여느 날처럼 오늘도 출근하자마자 난방기를 켜고, 커피 한 잔 들고 건물 남쪽 벽으로 가 해바라기를 한다. 움츠리던 몸이 펴지면서 하루의 일정이 머릿속에 그려진다.

햇볕은 봄부터 가을까지는 겨울만큼 대접을 받지 못한다. 하나같이 그늘을 찾아 헤매기 일쑤고, 얼굴 탄다며 피해 다니느라 바쁘다. 겨울이 되어 맹추위에 혼쭐이 나고서야 양지 녘 담벼락에 옹기종기 모여 해바라기를 한다. 비로소 '햇볕 좋네.'라며 제대로 된 대접을 한다.

햇볕을 즐기는 사람은 나만이 아니다. 오늘 아침, 혼자 커피를 마시며 '아, 따뜻해.'라고 혼잣말을 하고 있는데 뒤에서 누군가가 "시간 잘 가지요?"라고 되받는다. 되돌아보니 한 어르신께서 담배를 피우며 미소를 띠고 있다.

"예, 얼마 전만 해도 햇볕이 싫었는데, 이젠 햇볕이 좋네요."

어르신은 나직한 말로 묻는다.

"근데 나이가 몇이우?"

"예, 이제 오십입니다. 하루가 어찌 가는지 모르겠습니다."

"나이 들면 하루가 길다우. 일주는 금방 가고. 허망하게 세월 갑디다."

시린 겨울 하늘을 한동안 멍하니 쳐다보다가 숨을 크게 쉬고는 다시 말을 이었다.

"죽자 살자 일하며 자식들 다 가르쳤는데, 인생이 참 허망합디다. 아직은 젊으니 취미 하나는 꼭 가져요. 바둑을 배운다든지, 기타를 배운다든지. 나이 들고 보니 필요합디다. 추워지니 더 그러오."

엊그제가 봄이었는데 벌써 올 한 해도 다 갔다고 하자,

어르신은 "평생을 '벌써'라는 아쉬움으로 살다 보니 이 나이가 되어버렸다우. 쓸데없이 바쁜 척만 하고 살았는데…."라며 말끝을 흐렸다.

지난 세월에 대한 아쉬움이 가득한 듯 긴 숨을 몰아쉬었다.

"아침나절 이맘때 햇볕을 매일 쬔다우. 햇볕을 쬘 수 있는 것이 얼마나 행복한지 몇 년 병석에 누워 있다 보니 이제 알 것 같으오. 햇볕 많이 쬐구려."

내일 뵙겠다는 인사를 건네자, 건물 1층으로 무거운 발걸음을 옮겼다.

이제 백수白首 오십인 나도 어느 순간부터인가 '벌써'라는 말이 자연스레 입에 자주 오르내린다. '벌써 금요일이야.', '벌써 가을이야.', '벌써 오십이야.'를 입에 물고 산다.

바쁘다는 핑계로, '벌써'만 찾다가 나이 육십 되고 칠십이 될 것 같으니 때론 무섭기까지 하다. 좀 더 나이 들어 보이려고 갖은 애를 쓰던 때가 있었고, 하루해가 몇 날처럼 길 때가 있었는데.

등산으로 치자면, 이제 막 정상을 찍고 하산길로 접어든 것일까. 아니다. 능선을 타는 긴 여정에서 이제 막 깔딱고개를 넘었을 뿐이다. 능선 중간중간에 아직도 많은 봉우리들이 나를 기다리고 있다. 아직은 하고자 하는 일이 많고, 할 일이 많다. 소중한 시간에 내 지나온 삶을 말없이 지켜보고 있는 맑은 하늘을 보며 돌부리를 비켜 조심스레 발걸음을 옮겨 또 다른 정상에 이르련다.

'벌써'라는 말에는 포기라는 생각이 포함된 것 같다. '벌써'라고 느낄 때가 시작인데. '벌써 연말이네!'라고 말하면 '올해가 가야 신년이 오지. 그래야 다시 시작할 수 있지.'라며 긍정적으로 생각하련다. 누군가 '벌써'라고 말하면 나는 '아직'이라고 희망차게 말하고 싶다.

내년 이맘때 다시 해바라기를 할 때에 또 '벌써'라며 가는 해를 아쉬워하고 싶지는 않다.

잣눈

또 올 것이 남았을까. 잠시 잦아드나 싶더니 다시 쏟아지기 시작한다. 이따금 보이는 사람들은 다들 뛰뚱뛰뚱 영락없는 펭귄이다. 하얀 세상에서 자동차나 집, 나무들은 동그스레한 형체로만 구분될 뿐이다. 갓 맑은 세상이다. 어깨가 저리도록 창가에 기대어 폭설에 어느 시골 마을 고샅길 끝 집 마당에서 삽을 들고 쩔쩔매고 있는 또 다른 나를 본다.

몇 년 전 세밑이었다. 오랜만에 잣눈이 왔다. 집 앞에 세워둔 차는 바퀴를 반쯤 담그고 눈을 가득 이고 있었다. 나는 망설이는 것도 잠시, 함박눈을 맞으며 앞 유리의 눈을 바지런히 치웠다.

'대푼수가 따로 없네.' 너털웃음 한번 짓고 길을 나섰다. 도로는 이미 넓은 빙상장이었다. 핸들이 빙글빙글, 참으로 가벼웠다. 차는 제동장치에도 아랑곳하지 않고 신이 났다. 주인 마음을 알았는지 잊을만하면 쭉쭉 썰매를 탔다. 기어가는데도 누구 하나 경적을 울리거나 앞서가질 않았다.

조금 속도를 더했다. 소록소록 곱게 내리던 눈발이 달려들며 앞 유리를 때렸다. 왼쪽으로 차를 돌려 몰아보았다. 역시나 앞 유리창을 때리며 달려들었다. '어라, 옆으로 가도 달려드네.' 유리창을 때리며 눈발 하나하나가 눈에 들어왔다. 거참. 차를 멈추고 바람이 부는지, 눈이 어느 쪽에서 내려오는지 유심히 살폈다. 새록새록 얌전히 내리던 눈이 달리기만 하면 눈에 한 알 한 알 파고들었다. 내 눈이, 아니 내 몸 전체가 눈에 빨려들었다.

도시를 벗어나자 밤새 누군가 구김이 없는 하얀 새 이불을 천지에 깔아놓은 것 같은 길이 나왔다. 숫눈길로 차를 몰았다. 잣눈에 낯선 길가 작은 나무는 기겁했는지 새하얀 누비이불에 쏙 들어가 머리만 살짝 내놓고 있었다. 맥없이 큰 가지를 축 늘어뜨린 아름드리나무는 맑은 속살을 드러내고 가는 바람에도 몸을 떨었다.

마을 이름은 기억나지 않지만, 그러나 분명히 다시 찾아갈 수는 있는, 시골 마을 고샅길에 접어들었다. 후진으로 나갈까 했지만 '바퀴 자국을 따라가다 보면 돌아 나올 수 있겠지.'라는 생각에 끝까지 가보았다. 고샅길 끝 좁은 마당 한편 차고에는 차 한 대가 있었다. 그런데 아뿔싸! 마당 깊숙이에서 돌리려고 하는데 헛바퀴만 돌았다. '이런 젠장. 바닥이 완전 얼음이잖아! 타이어 타는 냄새가 진동했다. '윙 윙 윙' 굉음에 그 집 주인이 방문을 열었다.

"웬일이유? 차 돌리기 힘들 텐디."

"눈 구경 왔는데, 오다 보니까 마당이네요. 혹 삽 있어요?"

"있지. 암만. 저기 차고에."

바퀴 밑과 차 앞뒤 눈을 치우고 창고에 있는 모래를 뿌렸다. 겨우 차가 움직였다. '이렇게 몇 번만 하면 되겠지.' 했는데 웬걸, 점심때를 훌쩍 넘긴 시간까지 삽자루를 쥐었다 놓았다 차에 오르락 내리락을 반복했다.

이미 윤이 나버린 빙판이 문제였다. 결국, 아예 마당의 눈과 얼음을 다 치워버리기로 작정했다.

몇 시간이 지났을까. 난공불락이던 성에 깃발을 꽂고 허리를 펼 참이었다. 주인어른은 "커피라도 한잔하실라우? 출제. 찐 게 좀 있는데."라며 고구마 몇 개와 커피를 한 대접 들고 나왔다. 할아버지는 그리 눈이 많이 온 것도 처음이지만, 눈 오는 날 뚱딴지같은 사람이 마당을 치워준 것도 –그것도 얼음까지 다 깨고 봄 마당처럼– 난생처음이라는 표정이었다. 나는 애써 태연한 척 웃음을 지었지만, 입술이 부르르 떨리고 입속은 이미 쫙 달라붙은 지 오래였다. 괜스레 부글부글 끓는 속을 달래기 힘들었다.

돌아서 차에 타려는데 주인어른은 삽을 불쑥 내밀며 "가다가 또 빠질 수 있으니 가져가요. 아직은 크게 쓸 일 없으니. 나중에 생각나거든 가져다줘요."라고 하였다. 나는 그 한마디에 끓던 속이

가라앉고 얼었던 몸이 녹아내렸다.

돌아오는 내내 그분의 인자한 얼굴이 눈꽃 향기로 피어났다. 가로등 불빛에 눈발이 덩실덩실 춤을 추었다.

심연深淵에 흐르는 휴머니즘의 발현

김형진 (수필과 평론 쓰는 사람)

성선설性善說도, 성악설性惡說도 그 선이나 악은 본성에서 출발한다. 타고나기는 선했는데 살다 보니 악해졌다는 맹자孟子의 주장이나 타고나기는 악했지만 후천적 교육과 수양을 통해 선할 수 있다는 순자荀子의 주장에서나 그 시발은 본성에 있으니 말이다. 결국 이기심은 본성인 이타심을 상실함으로써, 이타심은 본성인 이기심을 억제함으로써 생기는 것이라는 주장인 것이다. 성선설이든 성악설이든 결국에는 이타심 함양에 그 초점이 있다.

그런데 자유란 다분히 이기적인 데서 출발한다. 그래서 자신의 행동은 물론 생각이나 느낌까지도 간섭받거나 억압받지 않으려 한다. 이는 사람들이 모여 사는 세상에서는 용납될 수 없다. '나'와 이웃의 안녕을 위해서는 규범이 필요하다. 이 규범은 자유를 제한한다.

규범은 윤리를 바탕으로 형성된 도덕과 이를 강화한 법률을 포괄한다. 인간의 외면은 물론 내면까지도 간섭하거나 억압한다. 이 삼엄한 규범 안에서 인간이 누릴 수 있는 자유는 극히 제한적이다. 그런데도 사람은 자유를 희원希願한다. 표면뿐 아니라 내면에 탁 트인 광장을 가지고자 한다. 이 광장에 가식적假飾的인 의례儀禮가 아닌 휴머니즘이 가득할 때 인간은 진정한 자유를 누릴 수가 있다.

「빈자리」에서는 표면적으로는 전통적인 제례祭禮의 까다로움을 이야기하고 있다. 차례상茶禮床에 올릴 조기의 마릿수에서 제사상祭祀床에 올릴 떡에 이르기까지 번번이 잘못 사와 아버지의 지적을 받고 마음을 조이며 다시 사오는 장면은 퍽 리얼하다.

> 아파트 주차장에 도착해서야 제정신이 들었다. 집안의 장손이랍시고 이제껏 가장 가까이에서 제사를 모셨지만, 떡에는 크게 맘을 두지 않았던 것 같다. 제사상이라 하면 조율이시, 홍동백서요 어동육서라는 것만 앵무새처럼 외웠다. 떡은 그저 어머니께서 시루에 짠 떡으로만

기억하고 있었으니….

큰 그늘이 불현듯 사라지면, 땡볕에서 서서히 고사하지나 않을지 걱정이 앞선다.

화자는 이 결미에서 자기 심경을 드러낸다. 병원에 계시는 어머니의 빈자리가 얼마나 컸던가를 실감한 것이다. 「빈자리」가 여기에 그쳤다면 전통적인 도덕률의 중요성을 강조하는 교훈적 수필이 되고 말았을 것이다.

그런데 제례에 필요한 조기와 떡을 처음 살 때와 아버지의 지적을 받고 다시 시장에 가 헤맬 때 화자의 마음에는 상당한 차이가 있다. 처음 시장에 가 조기와 떡을 살 때의 흐뭇함이 규범 안에서 느끼는 자유라면, 아버지의 지적을 받고 다시 시장에 가 허둥대는 모습은 규범에 얽매인 부자유의 표출인 것이다.

「지휘자」에서 화자는 모처럼 공연장을 찾는다. 심포니나 오케스트라 공연이 아니라 국악 「방아타령」을 연주하는 공연장이다. 지휘자는 원래는 오케스트라 멤번데 특별 초대한 분이다.

지휘자에게서 눈길을 떼지 않았던 나는 내 몸짓을 보고는 설핏 웃음이 났다. 누가 보든 말든 나는 지휘자의 몸동작을 따라 하며 음을 타고 놀고 있었다. 지휘자의 왼손이 연주자를 가리키면 나는 내 앞 허공을 가리킨다. 내 안에 잠재된'나도 이젠 새로운 지휘자가 되어야 한다.'라는 생각을 깨우고 있는 듯하다.

이제껏 어머니의 그늘에서 살아오다가 그분이 연로하고 병약해진 지금 내 안의 연주단이 조화로운 소리를 내지 못할까 봐 지레 걱정이 되어서인지 마음이 영 편치 않다. 내 인생의 지휘자는 내가 살아 있는 동안, 아니 내 아이들이, 또 그들의 아이들이 살아 있는 동안에는 가슴과 머리에 남아 있겠지만, 럭비공 같은 삶에서 내 머릿속의 음을 누르고 돋우는 마음속의 작은 지휘자를 잘 다스려야 할 텐데 걱정이 앞선다.

화자는 현대에 태어나 현대식 교육을 받고 사회생활을 하는 현대사회의 구성원이다. 그래서 그 의식이나 활동은 현대적일 수밖에 없다. 개인주의에 따른 이기利己가 몸에 배어 있을 법하다. 그런 화자가 외래 음악이 몸에 밴 사람이 지휘하는 국악공연장을 찾았다. 처음에는 덤덤하던 그가 지휘자의 능수능란한 손짓 몸짓에 흠뻑 빠져든다. 그러면서 자기도 한 집안의 지휘자가 되어야 한다는 것을 깨닫는다.

지휘자는 연주자 모두를 주시하며 파트 별 연주의 시작을 지시하고, 음의 고저를 조절하여 연주하는 음악이 조화를 이루도록 돕는 사람이다. 악보에 충실하나 그 악보 안에서 자기가 누릴 공간을 확보하여 자기 음악을 창출한다. 집안을 이끌어가는 지휘자도 이와 다르지 않다는 것을 암시한 작품이다.

「꿀비」에서 화자는 도시에서 일하는 사람으로서는 하기 어려운 일을 자청한다. 그것도 먼 거리(여산)에 있는 조상들의 납골묘 주변 좁은 빈터에 밭을 일궈 고구마를 심는 일이다. 표면상의 이유는 납골묘에 한 번이라도 더 가보기 위해서다. 그런데 가뭄으로 인해 처음 종묘상에서 사다 심은 고구마순이 거의 다 말라죽었다. 비 오는 소리를 듣고 다시 순을 사 일과가 끝나기가 무섭게 밭으로 달려간다.

> 순을 다시 심었다. 비는 그쳤지만 적당히 구름이 드리우고 있어 다행이었다. 고구마순을 다 심고 나자, 물만 주면 산다는 말이 떠올라 아랫마을 민가까지 가서 물을 길어다 흥건히 주었다.
>
> 다음날도 또 다음날도 일 마치기가 무섭게 고구마밭으로 달려갔다. 내 정성을 아는지 달님은 폭삭 주저앉아 목숨만 겨우 유지하는 고구마순을 또렷이 비춰주고 있었다.
>
> 일을 마치고 서둘러 달려가지만 도착하면 이미 저녁도 지나 밤중이었다. 매번 민가에 들어가 살쾡이처럼 살금살금 수도에 다가가 꼭지를 틀었다. 쏴아! 물 받는 소리가 잠든 마당을 깨우지만 주인은 아는지 모르는지 기척이 없었다.
>
> "농작물은 주인의 발걸음 소리를 먹고 산다우."
>
> 며칠 전 주인 양반의 속말이 울릴 뿐이었다.

고구마순을 다시 심고 그것을 살리기 위해 정성을 다하는 화자의 모습은 농자천하지대본農者天下之大本을 행하는 농부를 떠오르게 한다. 그러면 조상을 섬기기 위해 시작한 일이 농작물에 정성을 쏟는 농부의 마음으로 이어지는 것을 어떻게 이해해야 할까? 고구마순을 말려 죽이는 가뭄은 전통적인 도덕이 고사되어 가는 현실이요, 말라 죽어 가는 고구마순을 살리기 위해 화자가 정성을 쏟는 행위는 고사되어 가는 전통적인 도덕을 되살리기 위한 노력이라 이해할 수도 있다.

그런데 화자는 의례적으로 행하는 납골묘를 장식한다거나 그 주변을 번지르르하게 꾸미는 데 정성을 쏟는 게 아니다. 엉뚱하게 고구마순을 살리는 데 쏟는다. 이는 화자의 심저心底에 도사린 모럴의 근본이 고난에 처한 생물을 되살리는 휴먼에 있다는 의식의 발로이다.

「메밀국숫집에서」에 등장하는 할머니는 무너진 전통적 도덕률을 시사示唆한다. 할머니의 모습은 현대 개인주의에 따른 이기가 불러온 인간성 상실의 산물이다.

> 아주머니는 해맑은 미소로 "매달 마지막 주 수요일이면 어르신들을 대접해요. 부담 없이 잡수세요."라고 말씀드린다. 할머니가 이걸 어떻게 다 먹느냐고 다시 한 번 손사래를 친다. 그러자 아주머니는 "드실 만큼 드시고 나면 포장해 드릴 테니, 집에 가서 나중에 잡수세요."라며 할머니 곁에 걸터앉아 다정히 말을 잇는다.
>
> "혼자 사세요?" "아니, 영감이. 이날 평생 속만 썩이며 돌아다니더

니 죽을병을 가지고 기어들어와…." "자녀분들은요?" "내가 죽었을까 봐 가끔 전화는 하는데 명절 때나…. 지들 새끼들하고 먹고살기 바빠서…."라며 할머니는 복이 없어서 그런다며 당신 탓을 하신다.

두 분이 이런저런 이야기를 나눌 때에 나는 먼 하늘만 쳐다보다가 이내 고개를 떨군다.

메밀국숫집에서 혼자 국수를 먹고 있는 할머니를 발견한 화자는 고향에 계신 어머니 모습을 떠올리며 할머니에게 다가간다. 할머니와 이야기를 하던 중, 오늘이 생일인데 자식들은 바빠 오지 못한다는 말을 듣고 메밀총떡 1인분을 주문한다. 이를 본 주인아주머니가 의아해 하자 사정을 말한다. 조금 후 주인아주머니는 총떡 1인분과 메밀무침 2인분을 쟁반에 들고 화자와 할머니가 있는 평상에 온다. 할머니가 극구 사양하자 살갑게 음식을 권하는 아주머니. 아주머니는 화자의 지원자支援者이다. 이들은 단순한 모럴리스트가 아니다. 다 무너진 도덕률의 뿌리를 붙잡고 안타까워하는 휴머니스트이다.

폭설로 온 세상이 눈으로 뒤덮인 날, 화자는 바퀴가 반쯤 눈에 묻힌 차를 몰고 구경을 나선다. 몰아치는 눈으로 방향을 잃고 들어간 곳이 어느 농가 마당. 그곳에서 차를 돌려 나오려는데 바닥이 얼음판이라 수월치 않다. 주인에게 삽을 빌려 눈을 치우고 빙판을 깨고 모래를 뿌려 가까스로 차를 돌리게 되었다.

> 몇 시간이 지났을까. 난공불락이던 성에 깃발을 꽂고 허리를 펼 참이었다. 주인어른은 "커피라도 한잔하실라우? 춥제. 찐 게 좀 있는데." 라며 고구마 몇 개와 커피를 한 대접 들고 나왔다. 할아버지는 그리 눈이 많이 온 것도 처음이지만, 눈 오는 날 뚱딴지같은 사람이 마당을 치워준 것도— 그것도 얼음까지 다 깨고 봄 마당처럼– 난생처음이라는 표정이었다. 나는 애써 태연한 척 웃음을 지었지만, 입술이 부르르 떨리고 입속은 이미 쫙 달라붙은 지 오래였다. 괜스레 부글부글 끓는 속을 달래기 힘들었다.
>
> 돌아서 차에 타려는데 할아버지는 삽을 불쑥 내밀며 "가다가 또 빠질 수 있으니 가져가요. 아직은 크게 쓸 일 없으니. 나중에 생각나거든 가져다줘요."라고 하였다. 나는 그 한마디에 끓던 속이 가라앉고 얼었던 몸이 녹아내렸다.
>
> 돌아오는 내내 주인어른의 인자한 얼굴이 눈꽃 향기로 피어났다. 가로등 불빛에 눈발이 덩실덩실 춤을 추었다.

「잣눈」의 결미이다.

한겨울 폭설을 무릅쓰고 눈의 유혹에 빠져 차를 몰고 나간 화자의 낭만은 무모한 행위였다. 무모한 행위는 위험을 부르는 법. 어쩌면 이성적인 판단이 감정적인 충동에 마비된 데서 온 행위라 할 수 있다. 몇 시간 동안 추위를 견디며 노역을 감내한 것은 당연한 결과이다.

그러나 집주인이 내다준 커피 한 대접과 찐 고구마 몇 알, 그리고 가다가 또 빠질 수 있으니 가져가라며 내미는 삽. 이 휴머니티가 화자의 눈에서, 아직도 쏟아지는 눈발이 덩실덩실 춤을 추게 한다.

「달맞이꽃」은 긴 줄기에 노란 꽃을 밤에 피웠다가 아침이 오면 수줍은 듯 꽃잎을 오므리는 꽃이다. 그래서 많은 꽃말을 가지고 있기도 하다.

> 하지만 도심 속에 피어난 개량달맞이꽃에서는 기다림도, 말 없는 사랑도, 애절한 소원도, 외로움이나 애처로움도 느낄 수가 없다. 이른 아침 해가 뜨면 하나둘 피기 시작하다가 해가 지기도 전에 꽃잎을 닫아버리니. 해맞이꽃이라고나 불러야 할까. 새벽이슬을 머금은 달맞이꽃은 어디론가 가버렸다.
>
> 돌이켜보면 새삼스러운 일도 아니다. 언제부턴가 계절을 잊은 채 피어 있는 키 작은 코스모스, 두 배쯤 커 보이는 꽃을 힘겹게 이고 있는 땅딸이 백일홍은 또 어떠한가. 인간의 이기심으로 변하지 않는 게 무엇이란 말인가. 굳이 전설을 빌리지 않더라도 밤에 피는 꽃은 그럴만한 이유가 있을 것이다. 그것이 조화 아니던가.
>
> 요즈음 사람들은 겉으로 보이는 것에만 열중한다. 때론 보이는 것이 전부가 아니요 그 안에 깃든 아름다움이 더 가치 있는 것인데 말이다. 도로변 화단에 피어 있는 개량달맞이꽃이 처량해 보인다. 섭리를 깨닫지 못한 어리석은 우리들의 마음을 상징하는 것만 같다.

20세기 이후 눈부시게 발달한 과학문명은 급속하게 세상을 변화시켰고 지금도 변화를 계속하고 있다. 사람이 만든 과학이 사람이 지켜야 할 자연의 섭리(본성)를 거역하는 데까지 이르게 된 것이다. 그래서 현대를 인간성 상실의 시대라 말하는 이들도 있다. 인간의 편의를 위해 사람이 발명한 과학이 인간을 위협하는 지경에 이르게 한 것은 사람이다. 이 어처구니없는 자가당착自家撞着을 화자는 '섭리를 깨닫지 못한 어리석은 우리들의 마음'으로 규정하고 있다.

그냥은 편히 숨쉬기조차 힘든 세상에서 가장 편한 말로 들리기도 한다. 얼렁뚱땅 변명이나 즉답을 피하는, 그 순간만을 넘기려는 얄팍한 말로 들릴 수 있다. 그러나 그 말은 봄을 알리고 강줄기가 시작되는 산속 옹달샘같이 끝없는 정이 솟아나는 말이기도 하다.

그래서일까? 나는 그냥이란 말을 자주 한다. 일찍이 소크라테스는 우리에게 가장 중요한 것은 "그냥 사는 것이 아니라, 올바르게 사는 것."이라고 했지만, 때로는 그냥저냥 살고 싶은 것이 사실이다. 무엇인가에 얽매이길 싫어하는 성격 때문일 것이다.

나는 머리가 복잡할 때는 그냥 걷는다. 그냥 사무실 주변을 몇 바퀴 돌기도 하고, 애먼 잡초를 꺾어 입에 물어보고 돌부리를 차 보기도 한다.

'그냥'의 사전적 의미는 '어떠한 작용을 가하지 않거나 상태의 변화 없이 있는 그대로' 또는 '아무 뜻이나 조건 없이'이다. 이러한 의미대로라면 본성을 가리키는 말이다. 그러나 경우에 따라서는 진실을 드러내지 않으려고 회피할 때나 무절제(아무렇게)를 뜻하는 말로 쓰일 수도 있다. 그래서 철저하게 윤리적으로 살았던 소크라테스는 '그냥 사는 것'을 비윤리적으로 사는 것으로 인식했던 같다.

그러나 「그냥」에서 쓰인 '그냥'은 '숨쉬기조차 힘든 세상에서' 세상일에 휘둘리지 않고 마음 편하게 살고 싶은, 정신적인 자유로움을 내포한다.

「간섭쟁이 그 녀석」에서 화자는 자기의 알몸을 용기 있게 드러내 보인다.

> 어느 날이었다. 업무 관련 전문서적 뒷면에 CD가 있었다. 책 내용과 사진이 있는 부록이었다. 너무 욕심이 났다. 사고 싶었으나 생각이 많아졌다. 부지불식간 내 양심과 인격은 어디론가 가버리고 내 손은 이미 그 CD를 뜯어 윗옷 주머니에 넣고 있었다.
>
> (중략)
>
> 그 사람은 숙련된 솜씨로 책장에서 책을 하나둘 뽑아 가며 도장이 안 찍힌 책을 골라냈다. 책이 누렇게 변색이 되었건 새 책이건 가리지 않고 책 위나 밑 부분에 빨간 도장이 없는 것은 모두 변상해야 한다며 책값을 적기 시작했다. 할 말이 없었다. 도장을 찍지 않고 파는 서점

들이 대부분이었고, 선물 받은 책이 많았는데 다 변상하라니. 기가 막힐 노릇이지만 일을 더 크게 벌이고 싶지 않은 마음뿐이었다. 자그마치 그 책값의 열 배가 넘는 금액을 변상하란다. 아! 그러나 어찌하랴.

이제껏 내가 산 책 중에서 제일 비싼 책을 그날 샀다. 그날 이후 그 서점은 내 삶에서 지워버렸고, 나는 감시 카메라 노이로제에 걸렸다.

사람은 육체와 정신, 이성과 감정을 함께 지니고 있다. 그래서 불완전한 존재이다. 좋은 것을 보면 갖고 싶은 충동이 일고 그것을 정당한 방법으로 취할 수 없는 경우에는 부당한 방법을 사용하기도 한다. 이런 충동은 감정의 소산이다. 화자가 서점에서 사고 싶은 책 뒤에 붙어 있는 CD를 발견하고 그것을 뜯어 주머니에 넣은 것은 충동적인 행위이다. 아마 책보다 CD가 편리하다는 욕심과 CD를 뜯어낸다 해도 책은 그대로이니 별것 아니라는 착각이 발동했을 것이다. 그러나 그러한 감정을 감시하는 이성(카메라)이 있음을 깜박한 결과 호된 대가를 치른다.

불완전한 인간이 완전을 지향하는 길은 이성과 감정의 조화를 유지하는 것이다. 그러나 그것이 어디 쉬운 일인가. 그래서 화자는 만좌중滿座中에 자기의 치부를 드러낸다. 그렇게 함으로써 충동적인 착각 곧 감정이 저지른 심리적 상처를 치유하여 인간성의 회복과 인간관계의 조화를 유지하려 한다.

화자는 식당 거실 귀퉁이에 커다란 괘종시계가 서 있는 것을 보았다. 한때 가족의 일원으로 임무에 충실하던 것이 지금은 작은 양면시계에 밀려 한낱 장식품으로 전락한 모습이다. 그 괘종시계가 네 시 오십 분에 멈춰 있다. 화자가 문 뒤에서 시계 레버를 꺼내 밥을 주자 시곗바늘이 움직이기 시작한다.

다섯 시에 맞춘다. 댕 댕 댕 댕 댕. 아침마다 비몽사몽간 듣던 휴대폰의 기계음이 아니고, 조용히 집 안 분위기를 사로잡던 그런 온화한 소리다.

오랜만에 듣는 낯익은 소리가 더 듣고 싶어 열두 시에 시각을 맞춘다. 댕 댕 댕 댕…. 소리는 집 안 구석구석을 깨우고 그 울림은 내 귀를 지나 마음속 깊은 곳까지 파고들며 그간의 안부를 묻는다.

그 순간 마음이 요동치기 시작한다. 긴 한숨이 터져 나온다. 괘종시계를 응시하며 '자네가 잠들었던 그때로 시간을 돌릴 수만 있다면 얼마나 좋겠는가.'라며 하소연을 한다. 시간을 거꾸로 돌릴 수 있다면. 아니, 시간을 거꾸로 돌릴 수 있는 기회가 일생에 단 한 번이라도 주어진다면….

바늘을 거꾸로 돌려 다시 네 시 오십 분에 맞춰놓았다.

사실, 시간을 거꾸로 돌릴 수 있기를 소망한 것이 이번만이 아니다. 몇 해 전 부여 낙화암 아래 고란사에서 약수를 연거푸 벌컥벌컥 마셔대며 '다시 젊어질 수만 있다면….'을 몇 번이나 마음으로 되뇌었다.

「거꾸로 가는 시계」의 일부이다. 시간을 거꾸로 되돌릴 수는 없다. 1초도 머물지 않고 앞으로 내달릴 뿐이다. 그 시간 속에 자기를 내맡긴 채 마음 편히 살아가는 인간이 있을까? 만약 그런 사람이 있다면 그는 무뇌아無腦兒일 것이다. 정상인이라면 지나온 삶을 뒤돌아보게 마련이다. 그러면서 순간의 착각에 의해, 상황의 오판誤判에 의해, 또는 감정적 충동을 이기지 못해 인간이 지켜야 할 보편적인 가치기준을 망각하는 때가 있었음을 깨닫는다.

그래서 화자는 시간을 거꾸로 돌리고 싶다. '어제, 한 달, 일 년, 십 년 전으로 돌리면 실수투성이인 내 인생이 구겨진 옷감 다림질하듯 반질하게 펼 수 있을 텐데' 시간은 그것을 허용하지 않음을 안타까워한다. 이는 자기 삶의 궤적에 작은 허점도 남기지 않으려는 휴머니스트의 모럴에 기인한다. 그래서 그는 고달프다.

『거꾸로 가는 시계』 대부분의 작품에는 삶의 힘겨움이 표출되어 있다. 표면적으로 감수하는 고통이 아니라 내면적으로 감내하는 힘겨움이다. 그래서 여느 사람 같으면 대강 지나쳐버릴 수 있는 일에도 고난을 자청한다. 이는 작가 전성권의 심저에 철저한 휴먼이 상존常存하기 때문이다.

거꾸로 가는 시계

전성권 수필집

인 쇄 2017년 1월 3일
발 행 2017년 1월 5일

지은이 전성권
발행인 서정환

펴낸곳 신아출판사
주 소 전라북도 전주시 완산구 공북1길 16 (태평동 251-30)
전 화 (063) 275-4000 · 0484 · 6374
팩 스 (063) 274-3131
이메일 sina321@hanmail.net
출판등록 제300-2013-10호

ISBN 979-11-5605-404-7 03810
값 12,000원

이 도서의 국립중앙도서관 출판시도서목록(CIP)은 서지정보유통지원시스템 홈페이지
(http://seoji.nl.go.kr)와 국가자료공동목록시스템(http://www.nl.go.kr/kolisnet)에서
이용하실 수 있습니다. (CIP제어번호: CIP2016032319)

Printed in KOREA

이 책은 전라북도문화관광재단의 문화예술진흥기금을 지원받았습니다.